경제제재 그리고 북한의 선택

박지연

이화여자대학교 사회학과, 요크대학교 정치학과를 졸업하고 이화여자대학교 북한학과
에서 박사학위를 받았다. 현재 한국수출입은행 북한동북아연구센터 책임연구원으로
재직 중이며 이화여자대학교 북한학과 겸임교수로 재임 중이다.
주요 논문으로 「유엔의 스마트제재 연구」, 「북한 뇌물공여 확산의 게임이론적 분석」,
「국제사회의 개발협력 패러다임과 북한개발협력」 등이 있다.

경제제재 그리고 북한의 선택

초판1쇄 인쇄 2016년 9월 1일
초판1쇄 발행 2016년 9월 8일

지은이 박지연
펴낸이 이대현

책임편집 이태곤
편 집 권분옥 최용환 홍혜정 고나희 문선희 박지인
디 자 인 이홍주 안혜진
마 케 팅 박태훈 안현진

펴낸곳 도서출판 역락
　　　　서울시 서초구 동광로 46길 6-6 문창빌딩 2층(우 06589)
　　　　전화 02-3409-2058(영업부), 2060(편집부)
　　　　팩시밀리 02-3409-2059
　　　　이메일 youkrack@hanmail.net
　　　　역락블로그 http://blog.naver.com/youkrack3888
　　　　등록 1999년 4월 19일 제303-2002-000014호

ISBN 979-11-5686-350-2 93340
정 가 24,000원

* 이 도서의 국립중앙도서관 출판예정도서목록(CIP)은 서지정보유통지원시스템 홈페이지(http://seoji.nl.go.kr)와
　국가자료공동목록시스템(http://www.nl.go.kr/kolisnet)에서 이용하실 수 있습니다.(CIP제어번호: CIP2016020180)

이화연구총서 24

경제제재 그리고 북한의 선택

박지연 지음

역락

이화연구총서 발간사

이화여자대학교 총장 **최 경 희**

　130년의 역사와 정신적 유산을 가진 이화여자대학교는 '근대', '여성', '교육'이라는 측면에서 역사의식과 책임의식을 견지하며 한국 사회의 변화를 주도해 왔습니다. 우리 이화여자대학교는 이러한 역사와 전통을 바탕으로 세계적인 경쟁력을 갖춘 대학으로 거듭나고자 연구와 교육의 수월성 확보라는 대학 본연의 과제에 충실하려 노력하고 있습니다. 구체적으로 다양한 학제간 지식영역 소통과 융합을 비전으로 삼아 폭넓은 학문의 장 안에서 상호 협력하는 개방적이고 민주적인 소통을 지향하며, 고등 지성의 연구 역량과 그 성과를 국내외적, 범세계적으로 공유하는 체계를 지향합니다. 아울러 학문연구의 영속성을 확보하기 위해 젊은 세대에게 연구자의 지적 기반을 바로잡아주는 연구 기능을 갖춤으로써 연구와 지성의 가치를 구현하는 그 최고의 정점에 서고자 합니다. 대학에서 연구야말로 본질적인 것으로 그것을 통하여 국가와 대학, 사회와 인류에 기여할 수 있는 것이며 연구가 있는 곳에 교육도 봉사도 보람을 찾을 수 있는 것입니다.

　이화의 교육은 한 개인의 역량을 강화하는 데 머무는 것이 아니라 타인과 약자, 소수자에 대한 배려 의식, 다른 사람과 소통하는 공감 능력을 갖춘 여성의 배출을 목표로 합니다. 이러한 교육 속에서 이화인들의 연구는 무한 경쟁의 급박한 현실에 안주하지 않고, 섬김과 나눔이라는 이화 정신을 바탕으로 21세기 우리 사회와 세계가 요구하는 사회적 책무를 다하려 합니다.

학문의 길에 선 신진 학자들은 이화의 도전 정신을 바탕으로 창의력 있는 연구 방법과 새로운 연구 성과를 낼 수 있는 중요한 자산입니다. 따라서 신진학자들에게 주도적인 학문 주체로서의 역할에 대한 기대가 매우 큽니다. 그들로부터 나오는 과거를 토대로 새로운 것을 창조하는 '法古創新'한 연구 성과들은 가까이는 학계의 발전을 이끌어 내고, 나아가 '변화'와 '무한경쟁'으로 대변되는 오늘의 상황에서 사회와 인류에 발전적으로 이바지할 수 있는 저력이 될 것입니다.

특히 이화가 세계적인 지성 공동체로 자리 매김하기 위해서는 이 학문 후속세대를 위한 지원과 연구의 장을 확대할 필요가 있습니다. 이에 따라 이화여자대학교 한국문화연구원에서는 세계 최고를 향한 도전과 혁신을 주도할 이화의 학문후속세대를 지원하기 위해 '이화연구총서'를 간행해 오고 있습니다. 이 총서는 최근 박사학위를 취득한 신진 학자들의 연구 논문 가운데 우수논문을 선정하여 발간하는 것입니다. 총서의 간행을 통해 신진학자들의 논의가 보다 많은 사람들에게 제공되어 이들의 연구 성과가 공유될 수 있는 기회를 줌으로써 이들이 미래의 학문 세계를 이끌 주역으로 성장하는 데 도움을 주고자 합니다.

앞으로도 '이화연구총서'가 신진학자들이 한발 더 높이 도약할 수 있는 발판이 되기를 희망합니다. '이화연구총서'의 발간을 위해 애써주신 연구진과 필진 그리고 한국문화연구원의 원장을 비롯한 모든 연구원들의 노고에 진심으로 감사드립니다.

머리말

경제제재는 근대 국가가 형성되기 이전부터 무력제재와 더불어 중요한 외교적 수단으로 이용되어 왔다. 특히 20세기 이후 과학기술의 발달로 국가 간의 이동이 용이해지고 이와 더불어 국가 간의 경제관계가 밀접해지면서 그 사용빈도가 증가하였다. 그러나 모든 경제제재가 효과적이었던 것은 아니었다. 동일한 요구사항을 동반한 경제제재에 대해서도 대상국들은 각기 다르게 대응하였다. 뿐만 아니라 한 국가가 동일한 경제제재에 대해 시기별로 다른 반응을 보인 경우도 있었다. 이 책은 경제제재 대상국들의 의사결정이 상이하게 나타나는 이유에 주목하였다.

사실 이 책의 시작은 국제사회의 대북제재에 대한 북한의 반응이 매우 흥미로웠기 때문이다. 약소국 북한이 초강대국 미국의 제재에 굴복하기도, 굴복하지 않기도 하는 현란한 곡예가 흥미로웠다. 국제사회에서 북한의 외교적 행태는 매우 비합리적이며 예측불가능해 보이는 경우가 많다. 그런데 만약 북한을 비합리적이고 돌발적인 행위자로만 치부할 경우, 숙명적으로 북한과 협업해야하는 우리의 미래는 그리 밝지 않을 것이라는 생각이 들었다. 북한의 비합리적이며 돌발적인 의사결정에서의 규칙성을 찾고 싶었다. 그래서 이 책은 규칙성 탐구를 위한 도구로 '전망이론'을 활용하였다. 또 하나의 욕심은 국제사회에서의 북한의 외교적 행태를 북한의 특수성에 기인하는 것으로 치부하고 싶지 않았다. 분명 북한도 유사한 조건에 놓인 다른 국가들과 보편적인 무엇인가를 공유하는 행위자일 것이라는 믿음에서였다. 그래서 이 책은 북한을 다른 경제제재 대상국인 러시아, 한국, 남아프리카공화국, 이란, 시리아, 리비아 등과 동일한 행위자로 다루고 있다.

전망이론의 핵심인 '준거점'과 '확률의 수준'을 바탕으로 경제제재 대상국의 의사결정을 살펴본 결과는 흥미롭다. 경제제재의 강도가 동일하더라도 제재가 부과된 당시의 준거점 즉, 국내외적 상황에 따라 제재 대상국의 의사결정은 달라진다는 것이다. 20세기에 발의된 146개의 경제제재 사례들에 대한 분석도 이러한 결과를 지지하고 있다. 북한의 경우도 마찬가지였다. 따라서 이 책은 다음과 같은 몇 가지 시사점을 가진다. 첫째, 대상국의 준거점이 높은 경우라면 경제제재가 효과적이기는 어렵다. 따라서 제재 발의국은 경제제재의 내용과 방식뿐만 아니라 대상국의 준거점에 대해서도 면밀히 검토해야할 것이다. 둘째, 따라서 북한의 준거점을 변화시키는 것은 대북 경제제재의 효과를 증가시키기 위한 유용한 방법이 될 수 있다. 예를 들어 국제사회의 대북 지원을 차단한다면 북한의 준거점은 낮아질 것인데, 이러한 조건하에서 제재를 발의한다면 대북 경제제재는 더욱 효과적일 수 있을 것이다. 마지막으로 이 책에서 구축한 모델은 경제지원에 대한 대상국의 의사결정을 분석하는 데에도 활용할 수 있다. 비록 이 책의 모델은 경제제재를 분석 대상으로 다루고 있으나, 경제제재는 음(−)의 경제지원이라는 점을 기억할 필요가 있다. 결국 대상국의 준거점이 상승할수록 경제지원은 더욱 효과적일 것이라는 분석도 가능하다.

한편 이 책은 경제제재 대상국의 의사결정 과정만을 분석의 대상으로 하고 있을 뿐, 퍼스트 무버(first mover)인 발의국의 의사결정 과정은 다루지 못하고 있다는 점에서 논의의 한계를 가진다. 연구의 기본적인 목적이 경제제재 대상국의 의사결정을 분석하는 데에 있기 때문에 경제제재 발의국의 결정은 주어진 것으로 가정한 데에 기인한다. 그러나 현실적인 논의를 위해서는 향후 전망이론을 활용하여 발의국의 의사결정 과정까지를 포함하는 분석으로 확장할 필요가 있다. 이러한 논의는 추후 저자가 채워야할 연구 과제로 삼고자 한다.

이 지면을 빌려 감사 인사를 전해야 할 분들이 많다.

지도교수 조동호 선생님께 존경과 감사를 드린다. 늘 부족한 제자를 묵묵히 사랑으로 지도해주시는 선생님께 진심으로 감사드린다. 이화여자대학교 북한학과 교수님들은 나에게 특별하다. 학부시절부터 언제든 찾아가 무슨 이야기든 할 수 있게 마음을 열어주신 김석향 교수님께 많이 감사드린다. 학생들의 필요를 늘 먼저 헤아리시어 다양한 기회를 마련해주시는 최대석 교수님의 지도에도 감사드린다. 서훈 교수님은 생각만으로도 마음이 따뜻해진다. 학생들의 든든한 지지자가 되어주시는 교수님께 감사드린다. 나에게 정치외교학과의 남궁곤 교수님과 차남희 교수님은 정말 특별한 분들이시다. 사랑과 지지를 보내주시는 두 선생님께도 지면을 빌려 감사인사를 드리고 싶다. 논문심사 과정에서 중요한 코멘트를 주셨던 서울시립대학교 황지환 교수님과 북한대학원대학교 양문수 교수님께도 감사드린다.

논문을 완성해나가는 고된 과정에서 나와 함께 고민해준 동료들에게도 감사인사를 전하고 싶다. 조영주 박사는 아주 오랜 시간 나와 한 팀이 되어 경제제재와 씨름해준 평생 잊지 못할 고마운 사람이다. 임지혜는 나의 대학원 생활의 활력소였으며, 앞으로 50년은 더 활력소가 되어줄 아름다운 후배이다. 2년간 내 룸메이트였던 이양민에게도 든든한 지원에 감사를 전한다. '블랙홀'이 없었다면 논문이라는 자괴감과의 싸움을 마무리하지 못했을 것이다. 블랙홀 멤버인 김은숙 언니, 김은영 언니, 김유진 언니, 윤미혜 언니, 이해정에게 감사드린다.

　가족들의 사랑과 희생 덕분에 나는 늘 행복했다. 나의 선택이라면 그것이 무엇이든 믿어주고 지지해주신 부모님께 너무 많이 감사드린다. 그리고 늘 곁에서 나를 지지하고 도와준 내 동생 박화연에게 너무나 많이 고맙다. 며느리로서 늘 부족한 나를 딸처럼 챙겨주시는 어머님께도 감사드린다. 안식처가 되어준 남편 최철민께 곁에 있어줘서 고맙다는 말을 전하고 싶다. 특별히 논문을 정성껏 교정해준 남편에게 사랑과 감사를 전한다. 아들 최시우는 내게 최고의 선물이다. 늘 듬직하게 엄마를 기다려주는 아들이 많이 고맙다.

　이 책은 저자의 박사학위논문 『경제제재 대상국의 의사결정 요인 분석』을 재구성하여 단행본으로 출판한 것이다. 학위논문의 일부가 「경제제재 대상국 의사결정 요인의 통계적 분석」, 「경제제재에 대한 북한의 의사결정 요인 분석」 등으로 이미 학술지에 게재되었음을 밝힌다. 부족한 글을 이화연구총서로 선정해 출판해주신 이화여자대학교 한국문화연구원과 도서출판 역락에 깊은 감사를 전한다.

2016년 8월
저자 박지연

차 례

이화연구총서 발간사 • 5
머리말 • 7

제1장 서론 / 13

1. 문제제기 _ 15
2. 연구의 범위와 방법 _ 19
   1) 연구의 범위 · 19
   2) 연구의 방법 · 22
   3) 연구의 의의 · 26

제2장 경제제재란 / 31

1. 경제제재의 이해 _ 33
   1) 경제제재의 정의 · 33
   2) 경제제재 현황 · 38
   3) 경제제재 사례 · 40
2. 실효적인 경제제재는 존재하는가? _ 50

제3장 경제제재 대상국의 선택 : 권력을 향한 도전 / 61

1. 제재 대상국의 선택에 대한 다양한 분석들 _ 63
2. 제재 대상국 선택의 의사결정 분석 모델 _ 69
   1) 이론적 토대 : 전망이론 · 69
   2) 제재 대상국 의사결정의 규칙성 탐색 · 80

3. 권력을 향한 도전 : 통계적 검토 _ 110
1) 사례선정 · 110
2) 변수측정 · 111
3) 검토결과 · 138

제 4 장 미국의 대북 경제제재와 북한의 선택 / 149

1. 왜 북한 사례인가? _ 151
2. 북핵 위기와 미국의 경제제재 _ 153
1) 1차 북핵 위기와 클린턴 행정부의 대북제재 · 153
2) 2차 북핵 위기와 부시 행정부의 대북제재 · 159
3. 북한의 선택 _ 164
1) 준거점 변화 · 164
2) 예상승률의 변화 · 182
3) 예상비용 변화 · 188
4) 의사결정 변화 · 194
4. 북한의 도전에 대한 이해 _ 203

제 5 장 결론 / 209

참고 문헌 _ 218

부록 1. 국가 코드표 _ 230
부록 2. 경제제재 대상국의 의사결정 분석 자료 _ 234

제1장

서 론

서 론

1. 문제제기

경제제재는 근대 국가가 형성되기 훨씬 이전부터 무력제재와 더불어 중요한 외교적 수단으로 이용되어 왔다. 예를 들어 BC 432년 스파르타가 아테네 페라클라스 장군의 여인들을 납치하자 아테네는 스파르타를 상대로 경제제재를 가했으며, 이것이 펠로폰네소스 전쟁(BC 431-404년)의 시발이 되었다.[1] 20세기 이후 과학기술의 발달로 국가 간의 이동이 용이해지고 더불어 국가 간의 경제관계가 밀접해지면서 경제제재의 사용은 더욱 빈번해졌다. Hufbauer et al.(2007)에 따르면, 국제사회에서 경제제재는 지난 100년간 활발히 사용되었으며, 그 수 또한 급격한 증가 추

---

[1] Hufbauer et al. *Economic Sanctions Reconsidered 3rd edition*. Washington, DC : Peterson Institute of International Economics. 2007. pp.10-11.

세를 보이고 있다.[2] 예를 들어 미국은 2차 세계대전 이후 민주주의 확산과 대량살상무기문제 해결 등을 위해 다수의 경제제재를 발의해왔는데, 특히 클린턴(Bill Clinton II) 대통령은 첫 번째 임기에만 35개 국가를 대상으로 새로운 경제제재를 발의했다. 이는 전 세계 인구의 42%를 대상으로 한 것이었으며, 미국 수출액의 19%가 해당 제재들과 관련되어 있었다.[3]

경제제재의 발의 빈도는 급격히 증가해왔지만, 모든 경제제재가 효과적이었던 것은 아니었다. 여기서 경제제재의 효과란 발의국의 요구사항에 대한 대상국의 수용 정도를 의미한다. 즉, 모든 경제제재 대상국들이 발의국의 요구를 수용하는 의사결정을 내린 것은 아니었다. 동일한 요구사항을 동반한 경제제재일지라도 이에 대한 대상국들의 대응은 각기 다르게 나타났던 것이다. 한국의 경우, 1970년대 강대국들 간의 냉전완화를 경험하면서 미국의 방위공약에 대한 불신을 가지게 되었으며, 주한미군감축에 따른 군사력 공백을 우려해 독자적인 핵무기 개발을 추진하였다.[4] 당시 한국은 핵물질 개발을 위해 프랑스로부터 무기용 재처리 플랜트를 수입하기 위한 협상을 진행 중이었다.[5] 재처리 플랜

2) Hufbauer et al. *Economic Sanctions Reconsidered 3rd edition*. Washington, DC : Peterson Institute of International Economics. 2007. p.18.
3) O'Quinn, Robert. "A User's Guide to Economic Sanctions." in Heritage Foundation. http://www.heritage.org/research/reports/1997/06/a-users-guide-to-economic-sanctions (검색일: 2012. 8. 10).
4) DNSA(Digital National Security Achieve). Document No. 00187; No. 00189. 1975. http://nsarchive.chadwyck.com/home.do (검색일: 2011. 11. 5); 윌리엄 오버홀트 "동아시아에서의 핵확산". 박재규 편. 『핵확산과 개발도상국』. 마산 : 경남대학교 출판부. 1979. p.32.
5) DNSA(Digital National Security Achieve). Document No. 00189. 1975. http://nsarchive.chadwyck.com/home.do (검색일: 2011. 11. 5).

트 수입이 본격화되자, 미국은 한국의 핵개발 의도에 확신을 가지게 되었다.[6] 이에 따라 미국의 포드(Gerald Ford) 행정부는 1976년부터 평화적 핵에너지를 위한 원자로 판매를 중단하였을 뿐 아니라 고리 2호기 원자력 발전소 건설을 위한 미국 수출입은행의 차관을 중지하였으며, 결국 박정희 대통령은 핵개발을 포기하게 되었다.[7] 한편 남아프리카 공화국은 핵물질 원료인 우라늄의 매장량이 매우 풍부한 국가이다. 이러한 지리적 조건을 바탕으로 남아프리카 공화국은 'Y-Plan'이라 명명된 실험용 우라늄 농축시설을 건설하였는데 이 시설은 상업용 목적을 위한 것이었지만, 경우에 따라 핵무기 제조에 필요한 우라늄도 생산할 수 있는 것이었다.[8] 더구나 남아프리카 공화국은 1976년부터 1977년까지의 기간 동안 영토 내 북부지역에 200M 깊이로 2개의 핵 실험장을 건설하였다.[9] 이에 대한 대응조치로 미국은 남아프리카 공화국에 대한 원유수출을 중단하였다. 남아프리카 공화국은 미국의 경제제재로 인해 'SAFARI' 1호에 대한 고농축 우라늄(High Enriched Uranium : 이하 HEU) 수송에 차질을 겪게 되었으며, 이는 국가의 총체적인 전력난으로 이어졌다. 하지만 이런 경제적 어려움에도 불구하고 남아프리카 공화국은 핵확산금

---

6) Kim, Seung Young. "Security, Nationalism and the Pursuit of Nuclear Weapons and Missiles." *Diplomacy & Statecraft*. Vol. 12. No. 4. 2001. p.63. 한편 1970년대 한국의 구체적인 핵능력 수준은 다음을 참조 하영선. 『한반도의 핵무기와 세계질서』. 서울: 나남. 1991. pp.137-147.

7) Hufbauer et al. *Economic Sanctions Reconsidered 3rd edition*. Washington, DC: Peterson Institute of International Economics. 2007. Case Histories and Data No. 75-1.

8) 장성욱. "남아프리카 공화국의 핵무기 개발 및 해체 사례 연구". 『고려대학교 동아시아 연구』. No. 11. 2005. pp.128-129.

9) Hufbauer et al. *Economic Sanctions Reconsidered 3rd edition*. Washington, DC: Institute of International Economics. 2007. Case Histories and Data No. 75-3.

지조약(Nuclear nonproliferation treaty : 이하 NPT) 가입 등에 대한 미국의 요구에 강하게 저항하였다.[10]

동일한 요구사항을 가진 경제제재에 대해서 한 국가가 시기별로 다른 대응을 보인 경우도 있다. 예를 들어 북한은 1990년대 초부터 미국으로부터 핵개발에 대한 의심을 받아왔었다. 1993년 북한이 NPT 탈퇴를 선언하자 미국은 1994년 개발원조 공여의 중단, 체육, 문화, 과학 등에서의 교류 및 지원 금지, 무기수출 금지 등의 경제제재를 통해 북한의 NPT 복귀를 요구하였다. 결국 경제제재 이후 북한은 미국과의 제네바 합의를 통해 한반도 비핵화에 합의하였다.[11] 한편 2002년 이후 미국은 북한의 핵개발 의혹에 대해 중유제공 중단, 한반도에너지개발기구(Korean Peninsula Energy Development Organization : 이하 KEDO)의 경수로 사업 중단 등을 포함한 경제제재조치를 발의하였다. 미국의 이러한 조치에도 불구하고 북핵 문제는 더욱 심각해졌고, 2006년 북한은 핵실험을 단행하는 등 미국의 경제제재에 강력히 저항하였다.[12]

이에 본 저서는 "왜 경제제재 대상국들은 각기 다른 의사결정을 내리는가"에 대한 분석을 시도한다. 즉, 이 책은 경제제재에 대한 대상국의 의사결정에 영향을 미치는 요인을 분석하여 경제제재의 효과가 사례마다 다르게 나타나는 원인을 파악해보고자 한다.

---

10) Hufbauer et al. *Economic Sanctions Reconsidered 3rd edition*. Washington, DC : Institute of International Economics. 2007. Case Histories and Data No. 75-3.
11) Wit, Joel, Daniel Poneman and Robert Gallucci. 김태현 역. 『북핵 위기의 전말』. 서울 : 모음북스 2004. p.399.
12) 찰스 프리처드. 김연철·서보혁 역. 『실패한 외교』. 파주 : 사계절. 2008. p.231.

2. 연구의 범위와 방법

1) 연구의 범위

경제제재는 '수단'이 강조된 개념으로 연구에 도입된 경우와 '목적'이 강조된 개념으로 연구에 도입된 경우, 분석범위에 있어 차이를 보인다. 먼저, 경제제재를 수단으로서 강조한 경우에는 경제제재의 경제적 효과를 연구의 주요 범위로 다룬다. 예를 들어 Gilpin(1977)은 국가 간의 경제적 의존성에 초점을 맞추어 경제제재의 효과를 논의하고 있다.[13] 또한 정형곤·방호경(2009)과 이재호·김상기(2011)는 경제제재의 경제적 효과만을 주요 분석대상으로 삼고 있다.[14] 경제제재는 상대에게 입히는 경제적 손실을 통해서 그 기능을 발휘할 수 있다는 것이 이 관점의 핵심이기 때문에 위 논문들에서는 경제제재 대상국의 경제적 손실 규모를 파악하는 것이 주요 쟁점이 된다.

반면, 경제제재의 외교적 목적을 중요시 다루는 학자들은 경제제재 대상국의 외교적 행동 변화를 통해 경제제재의 효과를 분석한다. 대부분의 경제제재 연구가 여기에 속하는데, 이러한 시각의 연구자들은 경제제재의 경제적 효과를 중요하게 다루지 않는다. 이들은 경제제재가 상대에게 경제적인 손실을 입히지 못한다 할지라도 외교적 행동의 변

---

13) Gilpin, Robert. "Economic Independence and National Security in Historical Perspectives." in Knorr Klaus and Frank Trager eds. *Economic Issues and National Security*. KANSAS : University Press of KANSAS. 1977. pp.20-27.

14) 정형곤·방호경, 『국제사회의 대북경제제재 효과 분석』. 동북아연구시리즈 09-04. 서울 : 대외경제정책연구원. 2009; 이재호·김상기. 『UN 대북경제제재의 효과분석 : 결의안 1874호를 중심으로』. 정책연구시리즈 2011-12. 서울 : 한국개발연구원. 2011.

화를 유도할 수 있다고 보기 때문이다. 또한 제재가 매우 심각한 경제적 손실을 발생시키더라도 대상국의 행동 변화로 이어지지 않을 수 있음에 주목했기 때문이기도 하다. 따라서 구체적인 피해를 야기하지 않는 경제적 위협도 이들에게는 주요한 분석 대상이 된다. 예를 들어 Drezner(1999)는 '경제제재 발의국이 상대의 외교적 행위를 억지하기 위해 가하는 경제적 위협'을 경제제재에 포함하여 연구한다.15) 또한 Hufbauer et al.(2007)은 '국가가 무역 및 금융관계에 대한 철회 혹은 철회에 대한 위협을 통해 외교적 목적을 달성하기 위해 하는 행위'를 경제제재라 규정한다.16)

본 글은 경제제재의 외교적 목적이 강조된 연구를 진행한다. 이는 저자의 학문적 관심이 '경제제재에 대한 대상국의 의사결정'에 대한 호기심에서 시작되었기 때문이다. 이에 연구 범위는 연구 대상에 대하여는 경제적 위협의 사례까지를 포함하나, 분석 내용에 대하여는 경제제재의 경제적 효과를 제외한다. 따라서 이 책에서의 경제제재란 "대상국의 외교적 행위 변화를 목적으로 하는 발의국의 경제관계 철회에 대한 위협 혹은 경제관계 철회"라 정의할 수 있다.

한편 이 책은 다음의 목적을 가진 경제제재 사례들만을 연구대상에 포함한다. 첫째, 대상국의 일반적인 정책 변경에 목적을 가진 경제제재를 다룬다. 일반적인 정책 변경에는 대상국의 인권, 종교정책의 변경 등이 포함된다.17) 둘째, 정권 교체 및 정권의 민주화 등을 목적으로 한

---

15) Drezner, Daniel. *The Sanctions Paradox*. Cambridge : Cambridge University Press. 1999. p. 2.

16) Hufbauer et al. *Economic Sanctions Reconsidered 3rd edition*. Washington, DC : Peterson Institute of International Economics. 2007. p.3.

경제제재 사례도 연구대상이 된다. 냉전시대 미국의 경제제재는 대부분 이와 같은 목적으로 발의된 제재였다.18) 다음으로 군사적 행위와 관련 해 대상국의 변화를 요구하는 경제제재 또한 이 책의 분석사례이다. 핵 무기 등과 같은 대량살상무기의 개발에 대한 경제제재가 여기에 속한 다.19) 그 외 영토양보 등의 주요 정책 변경 등을 목적으로 한 경제제재 사례들도 분석 범위가 된다.20) 반면, 자국에 대한 관세철폐 등 경제적

---

17) 1975년 미국의 대 칠레 경제제재 등이 그 예가 될 수 있다. 당시 칠레는 1973년 쿠 데타 이후 30,000여 명이 희생된 유혈 사태를 통해 정권을 잡은 아우구스토 피노체 트(Augusto Pinochet)의 인권 탄압이 만연해 있었으며, 이에 1975년 미국은 대 칠레 경제제재를 발의하였다. 특히 1976년 9월 아옌데 고스센스(Salvador Allende Gossens) 정권은 미국 대사를 역임한 올란도 레텔리에르(Orlando Letelier)를 폭탄 살해함으로 써 칠레의 인권 문제는 국제적으로 큰 이슈가 되었으며, 미국의 경제제재는 1977년 유엔에서의 결의안 채택 등으로 이어졌다. Hufbauer et al. *Economic Sanctions Reconsidered 3rd edition*. Washington, DC : Peterson Institute of International Economics. 2007. Case Histories and Data No. 75-5; CRS(Congressional Research Service). *The Status of Human Rights in Selected Countries and the US Response*. Washington, DC : Library of Congress. 1977.

18) 1960년부터 계속된 미국의 대 쿠바 경제제재가 대표적인 예라 할 수 있다. 당시 아 이젠하워(Dwight David Eisenhower) 행정부의 쿠바에 대한 수출통제 목적은 카스트로 (Fidel Castro) 정권에 대한 불안정 조장, 그리고 이를 통한 정권붕괴였다. 1960년대 이후 쿠바는 소련과 더욱 가까워졌고 아메리카 대륙의 공산화를 염려한 미국은 쿠 바의 정권교체를 위해 경제제재를 더욱 강화하였다. Barber, James. "Economic Sanct- ions as a Policy Instrument." *International Affairs*. Vol. 55. No. 3. 1979. p.369.

19) 1970년대 이후 핵무기를 보유하려는 국가들에 대한 미국의 경제제재가 여기에 속한 다. 대표적인 예로는 인도나 파키스탄에 대한 미국의 경제제재가 있다. 1978년과 1979년에 각각 미국으로부터 핵 비확산 동참에 대한 경제제재를 받았던 인도와 파 키스탄은 1998년에도 핵실험을 실시하였으며, 이에 대해 미국은 또다시 경제제재를 발의하기도 하였다. Hufbauer et al. *Economic Sanctions Reconsidered 3rd edition*. Washing- ton, DC : Peterson Institute of International Economics. 2007. Case Histories and Data No. 78-4; No. 79-2; No. 98-1.

20) 이러한 경제제재의 대표적인 예로써 이라크의 쿠웨이트 침공에 대한 미국의 대 이라 크 경제제재가 있다. 이라크는 8년간의 이란과의 전쟁으로 경제 상황이 매우 좋지 못했으며, 이에 거대한 유전을 소유하고 있는 쿠웨이트를 침공하게 되었다. 당시 미 국은 이라크에 대한 경제제재를 발의하였는데 제재의 목적은 쿠웨이트로부터의 철

인 목적을 위해 발의되는 경제제재는 연구의 범위에서 제외한다. 한편 연구의 시간적 범위는 20세기 이후로 한정한다.

2) 연구의 방법

귀납적 방법은 단지 경험적 사실의 진위 여부에 대한 확실성을 찾아 낼 수 있을 뿐이다. 따라서 귀납적 방법의 연구결과를 통해 경험되지 못한 나머지 사실을 판단하는 것에는 한계가 있다. 이러한 귀납적 방법의 한계를 극복하기 위해 포퍼와 같은 반증주의자들은 '구획기준'을 만들어 '반증가능성'을 검증할 것을 권하였다.[21] 이러한 연구방법론은 사회과학 연구가 가지는 한계, 즉 "연구 결과는 구획된 조건에서만 의미 있는 분석이며 검증된 것이 아니라 반증될 가능성이 낮은 것일 뿐임"을 인정하고 있다. 이는 범위를 한정한 후 현상에 대한 분석을 시도한다는 측면에서 현실적이며, 확증이 아니라 반증의 가능성을 논의한다는 측면에서 개방적이다. 따라서 가설을 통해 구획기준을 만들고 이에 대한 반증가능성을 논의하는 연역적 연구방법이 사회현상을 설명하는데 더 설득력 있는 접근 방법일 수 있다.

이에 이 책은 전망이론의 가정을 통해 경제제재 대상국의 의사결정 요인을 모델화하고, 해당 모델에 대한 반증 가능성을 논의하는 연역적 접근 방법을 따르고자 한다. 이하에서는 이론을 통해 모델을 수립한 방법과 모델의 적합성을 검증한 방법, 그리고 모델을 통해 사례를 설명한

군이었다. Hufbauer et al. *Economic Sanctions Reconsidered 3rd edition*. Washington, DC : Peterson Institute of International Economics. 2007. Case Histories and Data No. 90-1.
21) A. F. 차머스. 신일철·신중섭 역. 『현대의 과학철학』. 서울 : 서광사. 1985. pp.76-92.

방법에 대해 차례로 논의한다.

첫째, 이 책은 게임이론의 분석 방법(game theory method)을 도입하여 경제제재 대상국의 의사결정 과정을 설명하고 해당 과정에 연관되는 주요 요인들을 포함하는 연구모델을 구축한다. 게임이론이란 행위자가 상대의 대응을 고려하면서 자신의 이익을 최대화시키는 과정을 수학적으로 분석한 이론이다.[22] 이러한 분석 방법은 경제제재 대상국의 행위를 발의국과의 상호작용 구조 안에서 분석하려는 모델 구성에 유용하다. 또한 게임이론의 분석 방법은 전망이론의 원리(axioms)를 수학적으로 표기하도록 하여 그 함의를 행위자의 편익과 비용 계산에 적용할 수 있도록 한다는 점에서도 유용성을 지닌다.

둘째, 이 책은 모델 검증을 위해 SPSS 19.0을 이용한 통계분석을 실시한다. 통계분석에서는 Hufbauer et al.(2007)의 자료들과 EUGene(Expected Utility Generation and data management program : 이하 EUGene)의 이벤트 데이터를 도입하도록 한다. 먼저, Hufbauer et al.(1985, 1990, 2007)의 자료들을 살펴보자. 그들은 1970년대 후반부터 미국의 피터슨연구소(Peterson Institute of International Economics)에서 경제제재와 관련된 데이터를 구축하여 왔다. 미국의 대외정책연구의 일환으로 진행된 그들의 연구는 2007년 204개의 경제제재 사례들을 분석한 세 번째 보고서로 완성되었다. Hufbauer et

---

22) McCain, Roger. 이규억 역. 『게임이론』. 서울 : 시그마프레스. 2008. pp.2-6. Drezner(1999) 와 Krustev(2008) 등은 게임트리(game tree)를 이용하여 행위자들 간의 효용의 균형점을 분석하는 방식을 게임이론방법(game theory method)이라 부르면서 연구방법의 하나로 소개하고 있다. 본 논문은 Drezner(1999)와 Krustev(2008)의 게임트리를 재해석하는 과정을 통해 모델을 수립하였기 때문에 그들의 논의를 바탕으로 연구방법으로서의 게임이론을 소개하고 있다. Drezner, Daniel. *The Sanctions Paradox*. Cambridge : Cambridge University Press. 1999; Krustev, Valentin. *Bargaining and Economic Coercion : The Use and Effectiveness of Sanctions*. VDM Verlag. 2008.

al.(1985, 1990, 2007)의 자료는 경제제재를 연구하는 학자들의 통계분석을 위한 데이터베이스로 널리 사용되고 있다. 이 책에서도 일반적인 경제제재 변수를 다루기 위해 이 데이터를 사용한다. 물론 이 데이터에 한계가 전혀 없는 것은 아니다. 그들의 데이터는 경제제재의 효과를 지나치게 긍정적으로 측정하고 있다는 지적을 받기도 하였다.[23] 그러나 Hufbauer et al.(2007)의 자료는 현존하는 경제제재 데이터들 중 가장 많은 사례를 포함하고 있을 뿐 아니라, 다양한 변수들에 대한 코딩이 종합적으로 이루어져 있다는 측면에서 최선의 자료로 평가[24]받고 있기 때문에 일정 수준의 논의를 거쳐 도입함에는 큰 무리가 없을 것으로 판단된다.[25] 다음으로 EUGene은 비교외교정책(CFP : comparative foreign policy) 연구분야에서 사용되는 이벤트 데이터들을 종합적으로 모아놓은 검색엔진이다.[26] 비교외교정책론자들은 외교정책의 행태, 예를 들어 전쟁, 조약, 국빈 방문과 같은 개별적인 행태가 비교되고, 이론적으로 의미

---

23) Hufbauer et al.(1985, 1990, 2007)이 경제제재의 효과를 긍정적으로 평가하게 되는 이유는 효과에 대한 측정방법 때문이다. 제3장에서 자세히 서술하겠지만, 간단히 그 이유를 설명하자면, Pape(1997)나 Drury(1998)의 논문들은 단순히 경제제재 당시 대상국의 행위 변화를 관찰하여 경제제재의 효과를 측정하였지만 Hufbauer et al.(1985, 1990, 2007)은 행위 변화에 대한 경제제재의 기여 정도를 중요한 분석 대상으로 삼고 있다. 따라서 Hufbauer et al.(1985, 1990, 2007)에서는 대상국의 행위 변화의 정도가 크지 않더라도 이에 대한 경제제재의 기여 정도가 높은 경우 최종적인 경제제재의 효과가 크게 측정될 수 있는 것이다. 때문에 Hufbauer et al.(1985, 1990, 2007)에서 경제제재의 효과는 다른 논문에서 보다 크게 나타난 것으로 판단할 수 있다. Pape, A. Robert. "Why Economic Sanction Do Not Work." *International Security*. Vol. 22. No. 2. 1997. pp.98-106; Drury, Cooper. "Revisiting Economic Sanctions Reconsidered." *Journal of Peace Research*. Vol. 35. No. 4. 1998. pp.497-509.

24) Mansfield, Edward. "International Institutions and Economic Sanctions." *World Politics*. Vol. 47. No. 4. 1995. p.579.

25) Hufbauer et al.(2007)의 자료에 대한 구체적인 논의는 제3장을 참조한다.

26) EUGene http://www.eugenesoftware.org/ (검색일 : 2009. 5. 10).

있는 방식으로 집약될 수 있다고 주장한다.[27] 이들은 이론구축 작업을 위해 종속변수의 개념화를 실시하고, 이를 바탕으로 여러 가지의 설명변수들의 데이터를 구축하였는데, EUGene은 이러한 데이터 구축 작업들의 결과물로서 19세기 이후 발생된 국제정치의 사건들을 점수화하고 있다. 따라서 EUGene은 경제제재 대상국의 외교정책의 행태를 파악하기 위한 종속변수 측정에 적절한 데이터를 제공할 수 있을 것으로 판단된다.

셋째, 북한사례에 대해서는 모델의 통계분석에 사용되었던 자료들을 바탕으로 정량분석을 실시한다. 단, 해당 지수에 대한 측정 근거의 타당성을 검토하기 위해 북한원전을 중심으로 문헌연구에 대한 분석을 추가한다. 북한원전은 글자 그대로를 분석하기보다 행간을 읽어야 하는 작업이 요구되기 때문에 전문가들의 해석이 반영된 국내외 문헌도 함께 사용한다.[28]

글의 구성은 다음과 같다. 제1장은 연구문제, 선행연구, 연구범위 및 방법과 연구의 의의를 논의한다. 제2장은 경제제재에 대한 전반적인 이해를 돕기 위한 장이다. 제3장에서는 경제제재에 대한 대상국들의 의사결정을 전망이론 모델을 통해 분석한다. 제4장에서는 전망이론 모델을 바탕으로 국제사회 경제제재에 대한 북한의 의사결정을 탐색한다. 마지막으로 5장의 결론을 통해 국제사회에 대한 도전으로서의 제재 대상국들의 의사선택과 그 한계에 대해 논의를 정리한다.

---

27) 허드슨. 신욱희 외 역. 『외교정책론』. 서울 : 을유문화사. 2007. pp.44-47.
28) 류길재. "김일성 김정일 문헌 어떻게 읽을 것인가". 경남대학교 북한대학원. 『북한연구방법론』. 서울 : 한울. 2009. p.64.

3) 연구의 의의

이 책은 다음과 같은 점에서 의의를 지닌다. 첫째, 이 책은 전망이론을 이용해 경제제재를 분석하는 모델의 구축을 시도한다. 경제제재와 관련된 선행연구들은 경제제재 효과에 영향을 미치는 다양한 요인들을 행위자들 간의 상호작용 구조를 바탕으로 분석하고 있다. 그런데 이러한 연구들은 경제제재 행위자들을 합리적인 경우로만 가정하고 있다는 측면에서 한계를 드러낸다. 특히 이론을 바탕으로 경제제재 효과에 영향을 미치는 요인들을 분석한 논문들은 발의국과 대상국이 합리적이라는 전제 하에 연구를 진행하고 있다. 그러나 현실에서는 대상국의 의사결정이 합리적이라고 설명하기 어려운 경우가 빈번히 관찰된다. 예를 들어 1979년 이후 2012년까지 미국의 대 이란 경제제재는 지속적으로 강화되어 왔다. 이로 인해 이란의 제재에 대한 저항의 비용이 높아지고 있으나, 이란은 경제제재에 대한 저항을 지속해왔었다. 이러한 현상을 설명하기 위해 기존 논문들은 이란이 합리적 행위자라는 전제는 그대로 두고 추가 변수의 도입을 통해 이란의 제재 저항의 비용을 논의하여 왔다.[29] 이와 같은 맥락에서 현재까지 경제제재에 관한 논문들은 변수

---

29) 경제제재에 대한 이란의 대응을 분석하기 위해 다양한 변수들이 추가되어 왔음은 Lawson(1983), Amuzegar(1997), Maloney(2010), Nader(2012) 등의 논문들을 순차적으로 살펴보면 알 수 있다. Lawson, Fred. "Using Positive Sanctions to End International Conflicts : Iran and the Arab Gulf Countries." *Journal of Peace Research*. Vol. 20. No. 4. 1983; Amuzegar, Jahangir. "Iran's Economy and the US Sanctions." *Middle East Journal*. Vol. 50. No. 2. 1997; Maloney, Suzanne. "Sanctioning Iran : If Only It Were So Simple." *The Washington Quarterly*. Vol. 33. No. 1. 2010; Nader, Alireza. "Influence Iran's Decisions on the Nuclear Program." in Etel Solingen ed. *Sanctions, Statecraft, and Nuclear Proliferation*. Cambridge : Cambridge University Press. 2012.

확장의 형태로 진행되어 사회과학의 간결성을 훼손시키고 있다는 지적에서 벗어나기 어렵게 된 것으로 볼 수 있다. 이러한 연구 흐름의 문제점을 극복하기 위한 방안의 하나로서 이 책은 전망이론(prospect theory)을 이용하여 경제제재 대상국의 의사결정을 논의한다. 즉, 이 책에서는 경제제재 대상국을 합리적 행위자가 아닌 추단(heuristic)에 의해 행동하는 주체로 가정한다.[30] 심리학적 연구를 토대로 하여 행동경제학의 발전에 중요한 역할을 한 전망이론은 현실에서 관찰되는 의사 결정이 합리적 선택이론에서 예측하는 결과와 다르게 나타날 수 있다는 것을 설명하기 위해 제시된 이론이다. 즉, 전망이론은 합리적 선택의 가정으로는 설명되지 않는, 그렇지만 현실 세계에서 실제로 나타나는 의사 결정을 설명하고자 하는 이론이다. 이는 변수확장을 통해 합리적 선택의 최적 결정(optimal choice)을 도출하고자 하는 이론이 아니라, 변수에 대한 새로운 이해의 틀을 제공함으로써 의사선택의 결과를 전망하고자 하는 이론이다. 그러므로 이 책은 전망이론의 도입을 통하여 변수의 확장 없이 기존 변수들의 조합을 통해 경제제재에 대한 새로운 모델을 도출한다는 측면에서 연구의 의의를 가진다.

---

30) 'heuristic'은 그리스어로 '발견(find)'이란 의미를 가지고 있으며, 복잡한 의사결정 과정을 단순한 판단 과정으로 환원시키는 방법을 뜻한다. 즉, 알고리즘(algorithm)이 확립되지 않았을 때 사용되는 문제해결의 한 방법으로서 의사결정 과정의 단순화 지침으로 이해할 수 있다. 따라서 본 논문에서는 '고정관념 혹은 체험에 기초한 추론적 판단'이라는 뜻에서 'heuristic'을 '추단'으로 번역한다. 카너먼(Kahneman)과 트버스키(Tversky)의 논문을 번역한 이영애 역시 '추단'이란 용어를 사용하고 있다. 한편 카너먼(Kahneman)의 책을 번역한 이진원은 정확한 의미 전달의 어려움으로 인해 원어 발음대로 '휴리스틱'이라는 용어를 그대로 사용하고 있다. 다니엘 카네만, 폴 슬로빅, 아모스 트버스키. 이영애 역. 『불확실한 상황에서의 판단』. 서울 : 아카넷. 2010; 다니엘 카너먼. 이진원 역. 『생각에 관한 생각』. 파주 : 김영사. 2012.

둘째, 이 책은 북한에 대한 경제제재를 이론적으로 분석한다는 측면에서 연구의 의의가 있다. 북한을 대상으로 한 경제제재를 분석한 연구들은 모두 이론적 접근 없이 현상을 분석하는데 초점을 맞추고 있다. 예를 들어 이재호·김상기(2011)는 UN 대북 경제제재의 효과를 대북제재가 북한의 수출에 미친 효과, 북한의 수입에 미친 영향 및 북한의 전체 무역에 미친 효과 등으로 구분하여 경제제재 발의 이후의 현상을 소개하고 있다.[31] 또한 심의섭·이광훈(2003)은 미국의 북핵문제 해결을 위한 노력으로서의 경제제재의 효과를 논의하고는 있으나, 논의의 수준이 대북 경제제재와 관련된 중국 및 한국 정부의 태도에 대한 현황과 전망에 그치고 있다.[32] 물론 현상을 깊이 있게 다룸에 있어 이론의 부재가 문제가 되는 것은 아니다. 그러나 위 논문 이외에도 앞서 소개한 북한연구들이 이론적 접근을 시도하지 않았다는 것은 연구의 편향에 있어서의 한계를 보여주는 것이라 할 수 있다. 이 책은 현상 분석의 귀납적 접근으로 북한을 다루어온 연구의 흐름에서 탈피하여 이론을 바탕으로 한 연역적 접근으로 북한을 분석함으로써 북한연구의 다양성에 기여한다는 의의를 가진다.

셋째, 이 책은 대북 경제제재의 효과를 북한의 의사결정 측면에서 분석한 최초의 연구이다. 2012년 현재까지 북한에 대한 경제제재의 효과는 미국 정부 혹은 한국 정부의 정책적 일관성 혹은 지속성 등에 의해

---

31) 이재호·김상기. 『UN 대북경제제재의 효과분석 : 결의안 1874호를 중심으로』. 정책연구시리즈 2011-12. 서울 : 한국개발연구원. 2011. pp.47-53. 더 구체적으로는 무역품목에 대한 무역규모 변화까지도 다루고 있다.
32) 심의섭·이광훈. "미국의 북한에 대한 경제제재". 『동북아경제연구』. Vol. 15. No. 1. 2003. pp.118-119.

결정된다는 것이 북한 사례연구에 있어 일반적인 접근시각이라고 할 수 있다. 즉, 기존 연구들은 경제제재와 관련하여 북한을 의사결정의 주체로 인지하지 않고 발의국의 의사결정에 따라 경제제재의 효과가 결정된다는 발의국 중심적인 접근 경향을 가지고 있었다고 볼 수 있다. 그러나 이 책은 경제제재에 대하여 제재 대상국의 의사결정에 따라 최종 효과가 도출된다는 관점에서 북한의 의사결정을 분석대상으로 삼고 있다. 이러한 접근 방식은 대북 경제제재에 대한 정책적 함의를 북한의 측면에서 구체화시키는데 중요한 역할을 할 수 있도록 한다는 측면에서 연구의 의의를 제공한다.

제 2 장

경제제재란

경제제재란

1. 경제제재의 이해[33]

1) 경제제재의 정의

경제제재란 국가 혹은 집단이 무역 및 금융관계에 대한 철회 혹은 철회에 대한 위협을 통해 외교적 목적을 달성하기 위해 하는 행위를 의미한다.[34] 경제제재는 크게 무역제재, 금융제재, 자산동결 및 기타제재 등으로 구분된다.

---

33) 박지연. "국제사회 대북 금융제재의 현황과 시사점". 한국수출입은행 북한동북아연구센터 편. 『북한의 금융』. 서울 : 오름. 2016. pp.221-257의 일부를 발췌한 것임을 밝힌다.

34) 경제제재의 정의에 대한 논의는 Baldwin, David. *Economic Statecraft*. Princeton University Press. 1986. pp.29-50을 참조한다.

먼저 무역제재에는 수출입금지, 관세인상, 차별관세, 블랙리스트 작성 등이 포함된다. 여기서 수출입금지란 특정 품목에 대해 대상국으로의 수출 혹은 대상국으로부터의 수입을 통제하는 방법이다. 무역제재의 경우 수입통제보다는 수출통제가 더욱 빈번히 도입되고 있다. 왜냐하면 발의국은 대상국이 상대적으로 수입품의 대체재 확보가 어려워 큰 타격을 입을 수 있기 때문이라고 판단하기 때문이다. 한편 관세인상은 특정 물품에 대해 높은 관세를 부여하여 대상국으로부터의 수입을 통제하는 방식의 제재이며, 유사한 개념으로 제재 대상국에 대한 차별관세를 부과하여 관련한 품목의 수입을 통제하는 제재도 존재한다. 더불어 특정 물품에 대한 수출입 관련 기업이나 개인을 대상으로 블랙리스트를 작성하여 제재를 부과하는 방식도 있다.

둘째, 금융제재에는 금융거래에 대한 제재를 의미하는데, 현금(cash), 채권(bonds), 스톡(stocks), 파생계약(derivative contracts) 등에 대한 구매 및 판매 금지를 포함한다. 1970년대의 대부분의 현금흐름(cash flows)이 무역과 연관된 것이었던 반면 2000년대 들어 약 90% 이상이 상품거래와는 무관한 현금흐름이었다는 것을 감안하면 금융제재 도입은 지속적으로 증대될 것으로 보인다.[35] 경제제재가 무역 권한에 대한 조절로서 국가를 대상으로 하며 원조와 반대되는 개념이라면, 금융제재는 자본 흐름에 대한 보장을 제한하는 것으로서 비국가를 대상으로 하며 통화위기에 외채를 인수하는 행위 등과 대조를 이룬다.[36] 구체적인 행위를 살펴보면 금융제재는 제재 발의국 영역 내에 예치된 제재 대상자의 예금 등 자산

35) Steil, Benn and Robert Litan. *Financial Statecraft*. Yale University Press. 2006. p.3.
36) Steil, Benn and Robert Litan. *Financial Statecraft*. Yale University Press. 2006. p.4.

을 동결하거나, 제재 대상국과의 금융거래를 금지하는 방식으로 이루어진다.[37] 금융자산에 대한 동결 조치가 부과되면 의심거래와 해외 은닉자산에 대한 회원국 간 정보교류가 활성화되어 제재대상자를 더욱 압박할 수 있다는 효과를 기대할 수 있다. 반면 제재대상자가 자신의 해외자산 동결을 피하기 위해 조세피난처나 차명계좌 등을 활용함으로써 불법거래가 오히려 증가할 수 있다는 단점도 있을 수 있다. 한편 인도주의적 차원의 특정 거래에 대해서는 금융제재의 예외를 인정하는 추세이다. 예를 들어 해당 제재위원회의 검토결과에 따라 식량구입, 임차료 지불, 의약품 구입, 세금, 보험료, 공공요금, 법률 자문료 등은 금융제재 대상에서 제외할 수 있다. 한편 금융제재의 특징을 살펴보면[38] 먼저 무역제재의 경우 특정 항목에 대한 선별적인 제재이다. 따라서 제재는 거래 중단이 아닌 거래 다양화로 대체되는 경우가 대부분이며 이 경우 거래비용의 일정 수준의 상승하는 형태로 손실이 발생하게 된다. 반면 금융제재의 경우 제재가 부과되면 대체 자금을 조달해야 한다. 그런데 제재로 인해 더 높은 수준의 신용이 담보되지 못할 경우 새로운 자금 조달은 어려워진다. 따라서 상대적으로 무역제재보다 큰 손실을 발생시킬 수 있다. 더욱이 금융제재는 무역의 자금흐름에도 영향을 미칠 수 있다. 한편 무역제재의 경우 일반 국민들에게 손실을 입히게 되는데 특히 수출 통제는 대상국가의 인구 전체로 그 피해를 확산시킬 수 있다. 반면 금융제재는 대상국의 일부 개인이나 단체를 대상으로 하기 때문에 발의국 내에 존재하는 대상국과의 비즈니스 관계자들로부터 반발

---

37) 임갑수·문덕호 『유엔 안보리 제재의 국제정치학』. 서울 : 한울. 2013. p.81.

38) Hufbauer et al. *Economic Sanctions Reconsidered 3rd edition*. Washington, DC : Peterson Institute of International Economics. 2007. pp.97-98.

을 최소화할 수 있다. 즉 무역제재보다는 금융제재가 이행 비용을 최소화할 수 있는 제재방법인 것이다.

셋째, 제재 대상국의 발의국 내 자산에 대한 동결도 대표적인 경제제재의 수단으로 활용된다. 자산동결을 위해 금융제재가 활용되는 경우, 즉 금융자산의 동결이 최근 경제제재에 빈번히 도입되고 있는 추세이다. 더불어 기타제재로는 위 제재를 이행하기 위해 필요한 강제수단으로 여행금지, 항행금지 등이 포함된다. 여행금지는 특정인에 대한 고립을 통해 제재의 목표를 달성하는 형태로 불특정 다수의 피해를 줄이면서 제재의 효과를 높일 수 있는 방법으로 평가된다. 항행금지는 특정 구역에서의 이동 금지 및 유엔 회원국 내 이착륙 금지 등을 포함한다.

〈표 2-1〉 경제제재의 종류

종류	유형
무역제재(Trade Sanctions)	수출입금지, 관세인상, 차별관세 등
금융제재(Financial Sanctions)	금융거래 금지
자산동결(Asset Freezes)	자산동결, 자본의 강제수용 등
기타제재	여행금지, 항행금지 등

자료 : 박지연. "국제사회 대북 금융제재의 현황과 시사점". 한국수출입은행 북한동북아연구
센터 편. 『북한의 금융』. 서울 : 오름. 2016. p.224.

경제제재를 통해 달성하고자 하는 외교적 목적은 반테러리즘, 대량살

상무기의 비확산, 인권보호, 내전 해결 및 민주주의 확산 등 다양하다. 먼저 테러리즘에 대해 국제사회가 경제제재를 부과한 최초의 사례는 안보리 결의안 1070호에 의한 대 수단 제재이다. 당시 수단이 이집트 대통령을 암살하려고 한 수단 국적인에 대한 송환요구에 불응하면서 유엔은 항공 운송금지의 대 수단 경제제재를 발의하였다.[39] 2001년 9.11 테러공격에 따른 안보리 결의안 1373호가 채택[40]된 이후 대테러 위원회가 설립되었으며, 위원회를 중심으로 테러확산을 방지하기 위한 다양한 경제제재를 부과되고 있다. 다음으로 대량살상무기의 비확산을 위해 국제사회는 핵무기와 생화학무기 생산에 대한 제재와 그 운반수 단인 탄도미사일의 확산 방지를 위한 제재를 부과하고 있다. 대표적인 사례가 이란과 북한에 대한 국제사회의 경제제재이다. 세 번째로 국세 사회가 경제제재를 부과하는 외교적 목적은 인권보호를 위해서이다. 특 히 유엔은 탈냉전 이후 인권유린과 국제인권법 위반 등에 대하여 적극 적인 태도로 경제제재를 부과하고 있다. 대표적인 사례로는 소년병사와 성폭력, 조직적 강간 등의 이유로 발의한 콩고민주공화국 반군 지도자 들에 부과한 경제제재를 들 수 있다.[41] 그 외 내전해결을 위해 국제사 회는 경제제재를 활용해왔다. 내전해결을 통한 민주주의 회복은 유엔이 경제제재를 활용하는 대표적인 경우이며, 대표적인 사례는 유엔의 시에 라리온 반군에 대한 제재이다. 민주적 선거를 통해 선출된 대통령을 반

---

39) UNSCR 1070. http://www.securitycouncilreport.org/atf/cf/%7B65BFCF9B-6D27-4E9C-8C D3-CF6E4FF96FF9%7D/Chap%20VII%20SRES%201070.pdf (검색일 : 2016. 3. 15).

40) UNSCR 1373. http://www.un.org/en/sc/ctc/specialmeetings/2012/docs/United%20Nations%20 Security%20Council%20Resolution%201373%20(2001).pdf (검색일 : 2016. 3. 15).

41) UNSCR 1991. http://www.securitycouncilreport.org/atf/cf/%7B65BFCF9B-6D27-4E9C-8C D3-CF6E4FF96FF9%7D/DRC%20S%20RES%201991.pdf (검색일 : 2016. 3. 15).

군이 축출하였으며, 이에 대하여 유엔이 반군에 대한 경제제재를 부과
한 사례이다.[42] 그 외 최근 논의는 경제제재 부과 동기가 외교적 목적
이기 보다 국내 정치적 목적인 경우도 다수 존재한다고 주장한다. 예를
들어 2차 세계대전 직전의 미국의 대 일본 경제제재 부과는 국내의 애
국심 고취를 촉진하는데 유용하게 활용되었으며, 미국의 대 쿠바 제제
또한 실질적인 대상국의 행위 변화를 목적으로 하기보다, 내국인의 감
정을 누그러뜨리기(assuage) 위해 활용되었다.[43]

한편 경제제재는 양자제재와 다자제재로 나눌 수 있다. 양자제재는
한 국가 가 다른 국가에 경제제재를 가하는 경우를 말한다. 반면, 다자
제재는 유엔 혹은 EU 등과 같은 국가들의 집단이 한 국가 혹은 국가들
의 집단에 제재를 가하는 경우를 뜻한다. 일반적으로 다자제재 이행은
복수의 양자제재 작동과 유사한 형태로 이해할 수 있다.

2) 경제제재 현황

경제제재는 오랜 기간 동안 다양한 형태로 발의되어왔다. 특히 1차
세계대전 이후부터는 경제제재가 국가들 간의 외교적 마찰을 조율하기
위한 주된 외교적 도구로 빈번히 사용되어왔다. 피터슨연구소의 보고에
따르면 20세기 이후 국제사회 내에서 경제제재의 발의 빈도는 지속적

---

42) UNSCR 1132. http://www.sipri.org/databases/embargoes/un_arms_embargoes/sierra_leone/
   1132 (검색일 : 2016. 3. 15); Hufbauer et al. *Economic Sanctions Reconsidered 3rd edition*.
   Washington, DC : Peterson Institute of International Economics. 2007. Case No. 7-1을
   참조한다.
43) Hufbauer et al. *Economic Sanctions Reconsidered 3rd edition*. Washington, DC : Peterson
   Institute of International Economics. 2007. p.6.

으로 증가해오고 있으며, 증가 속도 또한 증가하고 있다.

경제제재 발의의 증가 원인은 두 가지로 설명할 수 있다. 첫째, 국가 간의 경제관계가 긴밀해졌기 때문이다. 즉, 긴밀한 경제관계 형성으로 경제제재를 활용해 상대 국가를 위협하는 것에 대한 기대효과가 크게 증가되었다. 둘째, 과학기술, 특히 군사기술의 발달로 무력제재 활용에 대한 위험부담이 매우 높아졌다. 과거 무력제재 도입은 국지전 형태로 제한적이었으나, 최근 무력 갈등에는 핵무력까지 활용될 수 있다. 이 경우 상대에게 큰 손실을 입히게 되는 동시에 대상국의 보복으로 인한 피해 또한 매우 심각할 수 있기 때문에 무력을 도입하는 것은 매우 위험한 선택이 된다. 따라서 향후 국제사회에서 새로운 대안이 발견되지 않는 한, 경제제재의 활용 빈도는 지속적으로 증가할 것이다.

〈그림 2-1〉 국제사회의 경제제재 부과 현황

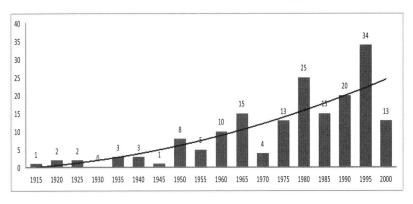

자료 : Hufbauer et al. *Economic Sanctions Reconsidered 3rd edition*. Washington, DC: Peterson Institute of International Economics. 2007. p.18.

3) 경제제재 사례

A. 유엔의 다자제재

유엔은 국제사회의 평화와 번영을 위해 특정 국가 혹은 집단에게 경제제재를 부과해왔다. 유엔이 안전보장이사회를 통해 관련 국가나 집단에게 제재를 부과하는 근거는 유엔헌장 7장 39조에서 41조까지의 조항에서 찾아볼 수 있다.[44] 이를 구체적으로 살펴보면, 유엔은 평화에 대한 위협, 평화의 파괴 및 침략행위 발생 시 평화와 안전을 유지 또는 회복하기 위해 잠정조치로써 비군사적 강제조치를 취할 수 있도록 되어있다. 더불어 유엔헌장 25조와 103조는 모든 회원국들은 안전보장이사회의 제재 결의안을 이행할 의무를 가지며, 다른 국제협정상의 의무와 상충되는 경우 제재이행 의무('결의'일 경우)가 우선함을 명시하고 있다.[45]

---

44) Charter of the United Nations Article 39.
  http://www.un.org/en/sections/un-charter/introductory-note/index.html (검색일 : 2016. 3. 14).
  The Security Council shall determine the existence of any threat to the peace, breach of the peace, or act of aggression and shall make recommendations, or decide what measures shall be taken in accordance with Articles 4 and 42, to maintain or restore international peace and security; Article 40 : In order to prevent an aggravation of the situation, the Security Council may, before making the recommendations or deciding upon the measures provided for in Article 39, call upon the parties concerned to comply with such provisional measures as it deems necessary or desirable. Such provisional measures shall be without prejudice to the rights, claims, or position of the parties concerned. The Security Council shall duly take account of failure to comply with such provisional measures; Article 41 : The Security Council may decide what measures not involving the use of armed force are to be employed to give effect to its decisions, and it may call upon the Members of the United Nations to apply such measures. These may include complete or partial interruption of economic relations and of rail, sea, air, postal, telegraphic, radio, and other means of communication, and the severance of diplomatic relations.

일반적으로 유엔을 통한 다자경제제재는 국가 간의 적대적 행위, 내전 등 내부 불안, 국제인권법의 위반행위, 민주주의 원칙 위배, 국제테러리즘, 대량살상무기 확산 행위 등에 적용된다. 구체적인 제재 수단으로는 무역제재와 금융제재 등 일반적인 수단과 유사하나, 1990년대부터 표적제재(targeted sanctions 혹은 smart sanctions)를 도입하여 제재 대상을 제한하고 있는 특징을 지닌다. 표적제재의 도입은 경제제재가 대상국의 경제적 손실을 입히더라도 이는 대상국 내 취약계층에 대한 경제적 피해를 가중시킬 뿐 최고 권력층의 의사결정 변화에는 영향을 미치지 않을 수 있다는 문제의식에서 시작되었다 며, 최근까지 유엔 다자제재의 대부분은 '선별적 손상(discriminate damage)'의 방법으로 외교적 효과를 높이고자 하는 표적제재의 성격을 띠고 있다.[46]

〈표 2-2〉 유엔의 스마트제재 사례(1992~2012)

대상(제재횟수)*	관련 안보리 결의안	조치내용
알카에다/탈레반 (4회)	1267, 1214, 1333, 1368, 1373, 1390, 1989, 1988	항공운항금지, 자산동결, 개인여행제한, 무기금수
앙골라(4회)	851, 864, 1127, 1130, 1135, 1173, 1221, 1237, 1295	항공운항금지, 자산동결, 개인여행제한, 무기금수, 다이아몬드 및 석유제품 금수

45) Charter of the United Nations Article 25.
http://www.un.org/en/sections/un-charter/introductory-note/index.html (검색일 : 2016.3.14).
The Members of the United Nations agree to accept and carry out the decisions of the Security Council in accordance with the present Charter; Article 103 : In the event of a conflict between the obligations of the Members of the United Nations under the present Charter and their obligations under any other international agreement, their obligations under the present Charter shall prevail.
46) 박지연. "유엔의 스마트제재 연구". 『국가전략』. Vol. 21. No. 1. 2015. p.82.

코트디브아르(5회)	1528, 1572, 1584, 1643, 1727, 1962, 1975, 1980, 2045	자산동결, 개인여행제한, 무기금수, 다이아몬드 금수
북한(2회)**	1695, 1718, 1874	무기금수, 항공과 선박운항금지, 사치품금수, 자산동결
콩고(4회)	1493, 1533, 1596, 1649, 1698, 1807, 1857, 2021	무기금수, 자산동결
에디오피아(1회)	1177	무기금수
구유고슬라비아 (2회)	713, 724, 752, 727, 887, 820	무기금수, 포괄제재동반
비사우(1회)	2048	여행제한
아이티(5회)	841, 861, 873, 875, 917, 940	원유-무기금수, 자산동결, 포괄제재 동반
이란(4회)	1696, 1737, 1747, 1803	미사일관련제품 금수, 금융제재, 무기금수, 여행제한
이라크(2회)	1483, 661, 1518	무기금수, 자산동결
코소보(1회)	1160	무기금수
레바논(1회)	1559, 1636, 1644, 1686, 1748, 1815	자산동결
리베리아(5회)	788, 985, 1071, 1343, 1478, 1521, 1532, 1689, 1753, 1903	무기·다이아몬드 금수, 여행제한
리비아(6회)	731, 748, 883, 1192, 1506, 1970, 1973, 2009, 2016, 2017, 2040	무기금수, 여행제한, 항공운항금지, 자산동결
르완다(2회)	918, 955, 1011	무기금수
시에라레온(5회)	1132, 1156, 1162, 1171, 1260, 1270, 1299, 1306, 1315, 1343, 1346	여행제한, 원유·무기·다이아몬드 금수

소말리아(5회)	733, 751, 794, 954, 1407, 1425, 1407, 1425, 1844, 1856, 1907, 2023, 2036, 2073, 2077	포괄적인 무기금수, 여행제한, 자산동결, 석탄금수
수단(4회)	1054, 1070, 1372, 1564, 1591, 1593	무기금수, 여행제한, 항공운항금지
탈레반(2회)	1988, 1989, 1267	자금동결, 여행제한, 무기금수

* 주1 : 제재 횟수는 TSC database 제재 에피소드 분류기준(제재목적 변화, 제재내용의 결정
    적인 변화 등)에 따라 계산, 따라서 단순 기간 연장 혹은 일부 미미한 제재 내용 변
    경 등의 경우 제재 결의안이 추가되더라도 새로운 제재 에피소드로 추가되지 않는다.
** 주2 : TSC database는 대북제재의 경우 2009년 6월 결의안 1874호 까지만을 다루고 있다.
자료 : 박지연. "유엔의 스마트제재 연구". 『국가전략』. Vol. 21. No. 1. 2015. p.84.

유엔은 언론성명, 의장성명, 결의 등을 활용하여 다자제재를 발의한
다. 이중 언론성명(Press Statement)은 안보리 이사국이 의장에게 권한을
위임하여 관련 내용을 언론에 발표하는 형태이며 통상적으로 정치적
의미는 없다. 의장성명(Presidential Statement)의 경우는 이사국들이 합의를
통해 성명을 도출하며 도출된 성명에는 국제사회의 의지가 포함된 것
으로 해석된다.[47] 다만, 실천의지는 '결의'와 비교해 약하다. 마지막으
로 결의(Resolution)란 5개의 상임이사국과 10개의 비상임이사국 등 총 15
개 국가들 중 9개국의 찬성(상임이사국의 거부권 적용)으로 채택되며 모든
회원국에게 국제법적 구속력을 가진다.[48]

양극체제에서는 미국과 소련 간의 갈등으로 유엔 내에서의 제재결의

---

47) 일반적으로 의장성명에는 demand, call upon 등 권고적 용어가 사용된다.
48) 일반적으로 결의에는 decide, shall 등을 사용하여 더욱 강력한 의지 표명한다.

채택이 상대적으로 어려웠으나, 탈냉전 이후 결의안 채택을 통한 제재 발의가 새로운 외교적 수단으로 활발히 도입되어왔다. 유엔은 2015년까지 약 400여 건의 결의안 채택을 통해 경제제재를 발의해왔으며, 현재 15개의 제재위원회(sanctions committees)가 운영 중에 있다.[49] 그러나 유엔이 발의해온 다자제재의 실효성에 대해서는 여전히 의문이 남아있는 상황이다. 상대적으로 성공한 것으로 평가되는 제재 사례로는 유엔의 대 앙골라 제재와 대 리비아 제재를 들 수 있다. 이들 사례들을 살펴보면 제재의 실효성을 높이기 위해서는 강력한 제재안 부과와 더불어 적극적인 제재이행이 필수적이며, 경우에 따라 무력제재가 동반될 필요가 있는 것으로 파악된다. 따라서 결의안 이행의 강제력 확보가 어려울 뿐 아니라 무력수단 도입을 지양하는 현재 유엔의 다자제재의 기본적인 성격을 고려할 경우, 유엔의 제재가 실효성의 측면에서 의의를 가지기는 어려울 것으로 판단할 수 있다. 더욱이 유엔의 다자제재는 구조적으로 여러 한계를 가지고 있다. 첫째, 유엔의 제재 결의안은 주로 상임이사국의 정치적 목적에 의해 제안되며, 강대국들 간의 타협에 의해 결의된다는 지적에서 자유롭기 어렵다.[50] 제재 대상국인 이란과 북한은 물론 일부 비동맹국가들은 인도, 파키스탄, 이스라엘과는 차별적으로 이란과 북한에게만 제재를 부과하는 것은 부당하며, 이는 일부 강대국의 이중기준이 적용되는 사례 중 하나라고 지적하고 있다.[51] 둘째,

---

49) 유엔 제재위원회. https://www.un.org/sc/suborg/en/sanctions/information (검색일 : 2016. 3. 14).

50) Doxey, Margaret. "Reflections on the sanctions decade and beyond." *International Journal*. Vol. 64. No. 2. 2009. pp.539-549.

51) 임갑수·문덕호 『유엔 안보리 제재의 국제정치학』. 서울 : 한울. 2013. pp.111-112.

제재안이 확정되더라도 회원국들의 신속하고 철저한 이행에는 한계가 있다. 특히 회원국들이 제재이행의 강력한 의지를 가진다 할지라도 각 회원국들은 국내법 혹은 하위 규정 등을 수립하는 등의 제재이행을 위한 인프라를 구축이 일사불란하게 이루어져야 구체적인 제재 이행이 가능해진다. 그런데 이러한 제재 이행을 위한 인프라 구축에는 일정 시일이 소요되며[52], 이는 제재의 실효성 감소에 영향을 미칠 수밖에 없다. 더구나 제재 인프라 구축 역량은 회원국의 정치, 경제적인 상황에 따라 다르기 때문에 자체적인 역량이 부족한 개발도상국들은 이행 의지와 별개로 다양한 한계에 부딪히게 된다. 셋째, 유엔의 다자제재는 제재의 효과와 직접적인 연관을 가지는 제재 모니터링이 쉽지 않다. 다양한 국가들의 이해관계가 얽혀있는 다자제재의 경우 제재안 합의와 마찬가지로 제재 모니터링의 방법과 결과 활용에 대한 합의가 어렵기 때문이다. 기본적으로 제재 이행에 대한 보고가 강제적이지 않기 때문에 회원국들의 보고서 제출율은 매우 낮다.[53] 또한 유엔은 발의한 경제제재 중 일부에 대하여 제재위원회를 설치하고, 일부 제재위원회를 통해 전문가패널보고서를 발표한다. 그러나 패널보고서의 결과나 활용 또한 일부 국가가 서명을 거부할 경우 공개나 활용이 불가능하다는 한계를 가진다.[54]

---

52) 유럽연합 소속 국가들의 경우 안보리 결의 채택 후 이행을 위한 인프라 구축에 최소 6개월 소요되는 것으로 알려졌다. Portela, Clara. "National implementation of United Nations sanctions." *International Journal*. Vol. 65. No. 1. 2009. pp.13-30.

53) 예를 들어 2006년 이후 네 차례 채택된 유엔의 대북제재 결의에는 유엔 회원국들이 석 달마다 제재 이행보고서를 제출하도록 돼 있다. 2006년부터 최근까지 유엔이 결의한 대북제재를 이행하고 있다는 보고서를 최소 한 차례 이상 제출한 나라는 모두 97개국으로 192개의 유엔 회원국 가운데 절반에 불과하다.

54) 2010년 북한제재위원회 패널보고서의 경우 특정 국가 출신의 전문가패널 위원의 서

B. 미국의 양자제재

미국은 의회가 외국과의 상업을 규율할 수 있다는 헌법상의 규정에 따라 제재법을 제정할 수 있다. 행정부는 의회가 정한 법률에 따라 행정명령을 활용하여 경제제재를 부과하게 된다. 대표적인 경제제재 관련 법률을 살펴보자. 첫째, 비핵확산을 위한 수출 통제를 목적으로 제정된 이란·북한·시리아 비확산법이 있다. 해당 법률에 따르면 제재 대상국은 정부 조달금지, 원조금지, 특정 군수품 판매금지, 특정 이중용도 물품 수출인가 거부 등을 부과할 수 있다.55) 둘째, 애국법은 미국의 관할권 밖에 있는 외국 금융기관을 자금세탁 우려대상으로 지정하여 미국 금융기관으로 하여금 해당 외국 금융기관의 대리계좌와 환계좌의 개설내역, 거래내역 등 관련 정보수집과 보고의 의무를 부과하며, 해당 외국 금융기관의 대리계좌와 환계좌의 개설을 금지하고 유지를 제한하도록 하는 법령이다.56) 셋째, 대외원조법은 국제적으로 인정된 인권의 중대한 위반행위에 일관된 형태로 관여하는 국가의 정부에 대한 안보 관련 지원을 금지하는 법령으로 미국은 해당 법령에 따라 모든 공산국가에 대한 대부분의 비인도적인 대외원조 제공을 거부해왔다.57) 그 외 적국과의 교역을 금지하거나 적국에 대해 높은 세율을 적용하는 적성국교역법 등이 있다.58) 한편 미국 경제제재의 대상은 유엔 안전보장이

명 거부로 제출은 되었으나 공개되지 못한 바 있다.

55) U.S. Department of State Diplomacy in Action. Iran, North Korea, and Syria Nonproliferation Act Sanctions. http://www.state.gov/t/isn/inksna/ (검색일 : 2016. 6. 8).

56) U.S. Department of the Treasury. Overview of Section 311 of the USA PATRIOT Act. https://www.treasury.gov/press-center/press-releases/Pages/tg1056.aspx (검색일 : 2016. 6. 8).

57) Council of Foreign Relations. U.S. Foreign Assistance Act of 1961. http://www.cfr.org/foreign-aid/us-foreign-assistance-act-1961/p27046 (검색일 : 2016. 6. 8).

사회의 기준과 유사하며 대표적으로 대테러, 대량살상무기 비확산, 인권, 민주주의 복원 등에 적용된다.

<그림 2-2> 미국의 경제제재 관련 기관

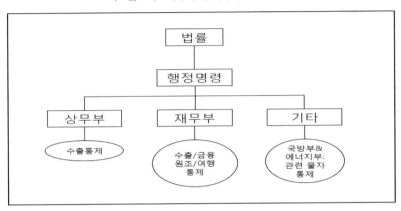

자료 : 저자 작성

경제제재 부과 및 관리를 담당하는 기관은 재무부와 상무부이며, 각각 하위기관 및 기타 기관을 통해 무역제재와 금융제재 발의하고 이행을 감독한다. 먼저 재무부는 해외자산통제실을 통해 제재를 부과하며, 해당 제재들은 적성국교역법, 국가긴급경제권한법, 대외원조법, 수출관리법 등에 기반을 둔다. 재무부가 부과하는 제재의 종류로는 수출과 재수출의 금지, 수입금지, 금융거래 금지, 여행금지, 원조금지 등이 있다. 해외자산통제실은 제재 부과를 위해 블랙리스트를 운영하는데, 해당 리스트에 포함된 개인이나 기업의 미국 내 자산은 동결되며, 미국인들은

58) U.S. Department of the Treasury. TRADING WITH THE ENEMY ACT OF 1917. https://www.treasury.gov/resource-center/sanctions/Documents/twea.pdf (검색일 : 2016. 6. 8).

해당자 혹은 기관들과 거래가 불가능하게 된다. 경우에 따라 해당 리스트에 속한 개인이나 기업이 이의를 제기하고는 있으나 대부분이 기각된다.[59] 다음으로 상무부는 수출통제를 담당한다. 특히 상무부 산업안보국은 수출관리령을 시행하여 대량살상무기 개발로 전용될 수 있는 모든 종류의 이중용도 물자와 기술을 포괄적으로 통제하고 있다.[60] 통제의 원칙은 첫째, 상품통제리스트와 위험도에 따라 분류한 국가도표를 참조, 선적하려는 품목과 최종사용자가 소재하는 국가가 통제대상일 경우에는 수출과 재수출이 금지되며, 둘째 외국제품이라고 하더라고 통제대상이 되는 제품이나 기술에 미국 성분이 최소 기준 이상 포함될 경우에는 해당 외국제품의 제 3국으로의 수출과 재수출이 금지되고, 셋째 미국의 소프트웨어나 기술, 시설을 직접 이용하여 제조된 외국제품일 경우에도 특정 국가나 측정 최종사용자로의 재수출과 수출이 금지된다.[61] 상무부와 재무부 이외 국무부 방산물자관리실[62]과 비확산실[63], 에너지부 원자력규제위원회[64] 등도 제재 부과를 담당하는 기관이다.

미국의 경제제재 사례 중 대표적인 것은 이란에 대한 제재이다.[65]

---

59) 임갑수·문덕호 『유엔 안보리 제재의 국제정치학』. 서울: 한울. 2013. p.278.
60) U.S. Department of Commerce. Bureau of Industry and Security.
   https://www.bis.doc.gov/index.php/regulations/export-administration-regulations-ear (검색일
   : 2016. 6. 8).
61) 임갑수·문덕호 『유엔 안보리 제재의 국제정치학』. 서울: 한울. 2013. pp.278-279.
62) U.S. Department of State. Directorate of Defense Trade Controls.
   https://www.pmddtc.state.gov/ECR/index.html (검색일 : 2016. 6. 8).
63) U.S. Department of State Diplomacy in Action. Office of Missile, Biological, and Chemical
   Nonproliferation. http://www.state.gov/t/isn/151025.htm (검색일 : 2016. 6. 8).
64) U.S. Department of Energy. Office of Nuclear Energy.
   http://energy.gov/ne/office-nuclear-energy (검색일 : 2016. 6. 8).
65) U.S. Department of State Diplomacy in Action. Iran Sanctions.
   http://www.state.gov/e/eb/tfs/spi/iran/index.htm (검색일 : 2016. 6. 8).

1993년 미국은 이란제재법에 따라 석유자원개발에 연 2,000만 달러 이상 투자한 기업, 대량살상무기와 재래식 무기 증강에 기여한 개인 및 기관에 대해 미국의 대출차관 및 신용보증 거부하고, 미정부 조달 금지, 대미 수출 금지 등의 조치를 취하였다. 이후 2010년 포괄적 이란제재법에 따라 기존 제재 대상에 이란의 정제유 생산에 기여한 국내외 기업 혹은 개인, 정제유를 제공하거나 정제유 수입능력 향상에 기여하는 활동에 관여한 국내외 기업이나 개인에 대해 기존 조치에 추가적으로 미국 내 외환시장 접근 금지, 미국 은행시스템 접근 금지, 미국 내 자산거래 금지 등의 조치를 취한 바 있다.

〈표 2-3〉 미국의 대 이란 경제제재 요약

	제재 대상	제재 내용
이란 제재법 (1993년 10월)	△ 이란의 석유자원 개발에 연 2,000만 달러 이상 투자한 외국 기업 △ 이란의 대량살상무기(WMD), 재래식 무기 증강에 기여한 외국 개인 및 기관	△ 미국수출입은행의 대출, 차관, 신용보증 거부 △ 미국 군수기술의 이전 금지 △ 미국 은행의 연 1,000만 달러 이상 대출 금지 △ 미국 국채의 우선적 dealer 또는 정부기금 수탁자로서의 서비스 금지 △ 미국 정부 조달 금지 △ 대미 수출 금지
포괄적 이란 제재법 (2010년 7월)	기존 대상에 다음을 추가 △ 물품, 서비스, 기술 제공으로 이란의 정제유 국내 생산에 기여한 경우 △ 이란에 정제유를 제공하거나 이란의 정제유 수입능력 향상에 기여할 수 있는 활동에 관여한 경우	기존 제재에 다음을 추가 △ 미국 내 외환시장 접근 금지 △ 미국 은행시스템 접근 금지 △ 미국 내 자산거래 금지

자료 : U.S. Department of State Diplomacy in Action. Iran Sanctions.
http://www.state.gov/e/eb/tfs/spi/iran/index.htm (검색일 : 2016. 6. 8).

최근 이란의 핵개발이 잠정 동결되면서 순차적으로 제재 해제를 진행 중에 있다. 이러한 제재의 효과는 미국의 강력한 주도와 유엔은 7개의 안보리 결의안을 통해 대 이란제재를 지속적으로 강화해왔기 때문인 것으로 분석된다.[66) 또한 EU가 2012년 이후 강력한 제재조치를 반복적으로 부과해온 결과이기도 하다.

강력한 제재의 지속으로 대상국인 이란 뿐 아니라, 발의국 미국 및 유럽 각국들의 피해가 대규모로 발생하였다. 미국은 1995년부터 2012년까지 수출입 관련 1,350~1,750억 달러의 손실과 매년 약 6만개의 일자리 손실 등 기타 관련 산업으로부터의 세금손실이 발생하였으며, 2010년부터 2012년을 기준으로 독일은 약 500억 달러, 이탈리아는 약 300억 달러, 프랑스는 약 200억 달러 등의 손실이 발생하였다.[67)

2. 실효적인 경제제재는 존재하는가?

경제제재의 실효성은 제재의 목적이 무엇인가, 그리고 그 목적을 달성하였는가를 바탕으로 이루어질 수 있을 것이다. 기본적으로 경제제재의 목적은 대상국의 의사결정 변화를 유도하는 것이다. 따라서 발의국

---

66) UNSCR 1737. https://www.iaea.org/sites/default/files/unsc_res1737-2006.pdf ; UNSCR 1747. https://www.iaea.org/sites/default/files/unsc_res1747-2007.pdf; UNSCR 1803. https://www.i aea.org/sites/default/files/unsc_res1803-2008.pdf; UNSCR 1835. https://www.iaea.org/sites/d efault/files/unsc_res1835-2008.pdf; UNSCR 1929. https://www.iaea.org/sites/default/files/uns c_res1929-2010.pdf; UNSCR 1984. http://www.un.org/en/ga/search/view_doc.asp?symbol= S/RES/1984(2011); UNSCR 2049. http://www.un.org/en/ga/search/view_doc.asp?symbol=S/R ES/2049(2012) (검색일 : 2016. 6. 5).

67) National Iranian American Council. *Losing Billions*. National Iranian American Council. 2014.

이 부과한 경제제재는 대상국에 대한 경제적 실효성을 바탕으로 대상국의 의사결정 변화를 이끌거나(아래 그림의 (2)), 경제적 실효성 유무와 상관없이 제재 위협으로 인해 대상국의 의사결정 변화를 유도할 경우(아래 그림의 (1)) 제재는 효과적인 것으로 평가할 수 있다. 반면, 제재가 대상국 경제에 심각한 손실을 유발시키더라도 대상국의 의사결정 변화를 유도하지 못하거나(아래 그림의 (4)), 제재가 대상국 경제에 아무런 손실을 야기하지 못하고 대상국의 의사결정 변화도 유도하지 못하는 경우(아래 그림의 (3)) 경제제재의 효과는 없는 것으로 분석 할 수 있다.

〈그림 2-3〉 경제제재 효과 시나리오(예)

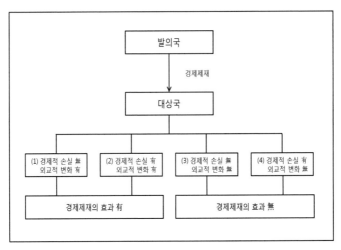

자료: 저자 작성

앞과 같은 기본적인 논리를 바탕으로 여러 학자들은 다양한 기준으로 제재의 실효성을 논의해왔다. 초기 대표적인 경제제재 연구 중 하나인 Wallensteen(1968)은 발의국의 경제제재 지속 여부를 기준으로 경제제재의 효과를 측정할 수 있다고 제안하였다.[68] 발의국이 경제제재를 멈추었다면 이는 성공한 경제제재이며, 경제제재를 지속하고 있다면 이는 실패한 경제제재라는 것이다. 이러한 기준에 따르면 역사적으로 단 두 사례만을 성공한 것으로 평가할 수 있다. 경제제재가 발의되면서 동시에 경제제재가 철회되었다는 이유로 Wallensteen(1968)은 1933년 영국의 대러시아 경제제재와 1960년 미국의 대 도미니카 경제제재만을 성공한 것으로 평가하고 있다.[69] Al-soyel(1999)은 Wallensteen(1968)의 경제제재 효과 측정의 방법은 대상국의 변화에 민감한 측정 방법이 아니라고 주장한 바 있으며, 이후 다수의 학자들은 경제제재가 Wallensteen(1968)의 기준이 대상국의 상황과 무관하게 발의국 내의 정치, 경제적 상황에 의해 종료될 수도 있다는 측면이 무시되었다고 비판해왔다.[70] 한편 1990년을 전후하여 경제제재의 효과를 직접적인 목적 달성의 정도에 따라 평가하기 시작하였다. 목적이 완전히 달성된 경우에 경제제재의 효과는 매우 높은 것으로, 목적이 달성되지 못한 경우에 경제제재의 효과는 매우 낮은 것으로 평가하는 것이 일반화되기 시작한 것이다. 이러한 평가기준에 따라 Hufbauer et al.(1985, 1990, 2007)은 20세기 발의된 경제제재를 대상으로 그 효과를 지수화 하였으며, 최근까지 많은 연구자들이 그들의 지수를 차용하고 있다. 그들은 기존 연구들의

68) Wallensteen, Peter. "Characteristics of Economic Sanction." *Journal of Peace Research*. Vol. 5. No. 3. 1968. p.250.
69) Wallensteen, Peter. "Characteristics of Economic Sanction." *Journal of Peace Research*. Vol. 5. No. 3. 1968. p.251.
70) Al-soyel, Dina. "Target Types and the Efficacy of Economic Sanctions." Rice University Ph. D Dissertation. 1999.

한계를 보완하기 위해 경제제재의 목적 달성 정도와 더불어 경제제재의 기여 정도를 측정하여 혼합한 경제제재 성공 지수를 개발하기도 하였다.[71]

다양한 방식으로 경제제재의 효과를 면밀히 검토하기 위한 시도가 이어졌으나, 어떠한 방식의 측정기법을 도입하더라도 제재의 효과를 긍정적으로 평가하기는 어려웠던 것으로 보인다. 대부분의 선행연구들은 제재의 낮은 실효성을 집중적으로 분석하고 있는데, 먼저 Galtung (1967)은 대상국은 저항체제를 구축하기 때문에 강력한 경제제재라도 실효적이기는 어렵다고 분석한다. 따라서 저항체제를 수립하기 이전에 제재가 신속하게 이행될 수 있다면 실효성은 일정 수준 확보될 수 있을 것이라 주장한다.[72] Knorr(1977)에 따르면 경제제재의 낮은 실효성은 대부분의 제재 대상국들이 다른 국가들과의 무역 연관성(trade linkage)이 낮아 제재에 따른 예상손실이 작기 때문인 반면 제재의 요구사항은 국가 혹은 정권의 생존과 직결되기 때문이라고 분석한다.[73] 다음으로 Gilpin (1977)은 무역 상대국이 다양화된 무역구조를 가지고 있다면 경제제재의 효과는 높지 않은데 대부분의 경제제재 대상국들이 발의국가와만 무역관계를 가지는 것이 아니기 때문에 제재의 실효성은 낮을 가능성이 높다고 주장한다.[74] 셋째, Doxey(1987)의 경우는 정치체제의 특징에 초점

71) Hufbauer et al. *Economic Sanctions Reconsidered 3rd edition*. Washington, DC : Institute of International Economics. 2007. pp.49-50.
72) Galtung, Johan. "On the Effects of International Economic Sanctions : With Examples from the Cases of Rothesia." *World Politics*. Vol. 19. No. 3. 1967.
73) Knorr, Klaus. "International Economic Leverage and its Uses." in Knorr, Klaus and Frank Trager eds. *Economic Issues and National Security*. KANSAS : University Press of KANSAS. 1977. p.105.
74) Gilpin, Robert. "Economic Independence and National Security in Historical Perspectives."

을 맞추어 경제제재의 효과를 논의하고 있다. 그녀는 경제제재 대상국이 독재국가라면 언론 통제가 가능하기 때문에 경제제재에 대한 저항의 비용이 높지 않게 되며, 따라서 대상국이 제재에 대한 저항의 가능성은 매우 높아진다고 주장한다.[75] 넷째, Martin(1992)은 경제제재가 집단적으로 발의되었는가 혹은 단독으로 발의되었는가에 따라 그 효과가 다르게 나타난다고 분석하고 있다. 일반적인 경우 집단적으로 발의된 경제제재가 효과가 높을 것으로 예상되지만, 집단의 응집력(cohesion)에 따라 그 효과가 단독으로 발의된 경제제재보다 낮을 수 있다는 것이 Martin(1992)의 분석이다.[76] 마지막으로 Krustev(2008)는 군사적 위협이 동반된다면 경제제재는 더욱 효과적일 것으로 분석하고 있다.[77]

한편 경제제재가 대상국의 경제적 손실을 입히더라도 이는 대상국 내 취약계층에 대한 경제적 피해를 가중시킬 뿐 최고 권력층의 의사결정 변화에는 영향을 미치지 않는 경우가 빈번히 관찰되었다. 특히 대 이라크 경제제재의 경우, 제재 이후 5년간 가구당 월간 식료품비용이 250배 상승했으며, 식량부족으로 인해 최소 10만 명에서 최대 23만 명에 달하는 영아가 사망한 것으로 분석되었다.[78] 더욱이 이라크 내 경제제재로 인한 인명피해는 대량살상무기로 인한 인명피해보다 심각했다

in Knorr, Klaus and Frank Trager eds. *Economic Issues and National Security*. KANSAS : University Press of KANSAS. 1977.

75) Doxey, Margaret. *International Sanctions in Contemporary Perspective*. New York : St. Martin's Press. 1987.

76) Martin, Lisa. *Coercive Cooperation : Explaining Multilateral Economic Sanctions*. Princeton : Princeton University Press. 1992.

77) Krustev, Valentin. *Bargaining and Economic Coercion : The Use and Effectiveness of Sanctions*. VDM Verlag. 2008.

78) 노엄 촘스키 외. 『미국의 이라크 전쟁 : 전쟁과 경제제재의 참상』. 북막스. 2002.

는 연구결과도 보고된 바 있다.79) 그럼에도 불구하고 후세인의 집권은 상당기간 지속되었으며, 후세인은 2003년이 되어서야 미국의 무력제재 를 통해서 축출되는데, 이와 같은 문제의식을 바탕으로 1990년대부터 국제사회는 '포괄적인 제재(comprehensive sanctions)'의 '무분별한 피해(indis-criminate damage)'를 최소화하기 위한 방안으로 표적제재를 도입하기 시 작했다.80)

〈그림 2-4〉 경제제재의 실효성 관련 주요 논의 요약

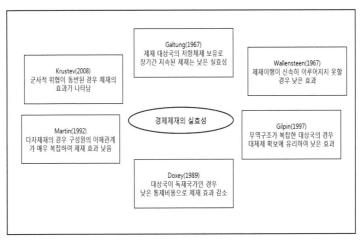

Galtung(1967)
제재 대상국의 저항체제 보유로
장기간 지속된 제재는 낮은 실효성

Wallensteen(1967)
제재이행이 신속히 이루어지지 못할
경우 낮은 효과

Krustev(2008)
군사적 위협이 동반된 경우 제재의
효과가 나타남

경제제재의 실효성

Gilpin(1997)
무역구조가 복잡한 대상국의 경우
대체제 확보에 유리하여 낮은 효과

Martin(1992)
다자제재의 경우 구성원의 이해관계
가 매우 복잡하여 제재 효과 낮음

Doxey(1989)
대상국이 독재국가인 경우
낮은 통제비용으로 제재 효과 감소

자료 : 저자 작성

표적제재의 실효성은 최근 여러 학자들에 의해 활발히 논의되고 있 다. 예를 들어 먼저 Bondi(2002)는 무기금수가 무력충돌에 사용되는 특

79) Mueller and Mueller. "Sanctions of Mass Destruction." *Foreign Affairs*. Vol. 78. No. 3. 1999. p.51.
80) 박지연. "유엔의 스마트제재 연구". 『국가전략』. Vol. 21. No. 1. 2015. p.82.

정 무기에 대한 통제만을 제안하기 때문에 불필요한 경제적 손실을 유발하지 않고서도 대상국 내부에서의 무력갈등을 완화시키는 것에 직접적인 역할을 담당할 수 있다고 주장한다. Bondi(2002)에 따르면, 무기금수는 특히 내전중단에 상대적으로 효과적인 스마트제재가 될 수 있다.[81] 둘째, Elliott(2002)에 따르면, 여행제한, 비자발급 제한 등과 같은 개인수준의 여행제한은 표적제재로 유용하게 도입되고 있다. 개인수준의 여행제한은 관련자들에게 직접적인 경제적 손실을 유발하지는 못하지만, 외부와의 단절이라는 외교적, 심리적 고립이라는 비용을 유발시키기 때문에 표적제재로서의 효과를 기대할 수 있다.[82] Reid et al.(2002)는 표적제재가 상대적으로 나은 선택이기는 하지만, 신속한 이행이 전제되지 못할 경우, 일반 경제제재와 마찬가지로 효과를 기대하기는 어렵다고 분석한다. 특히 금융제재의 경우 제재가 신속히 이행되지 못할 경우 차명계좌 사용 등의 방법으로 제재를 피해갈 수 있다는 한계가 존재한다고 지적받고 있다.[83] 유사한 분석으로 Corney(2002)는 표적제재가 실제 제재 대상에게 심각한 경제적 손실이 발생되도록 디자인하였더라도 이것이 적절히 이행되지 못할 경우 제재 대상에게 아무런 손실을 발생시키지 못할 뿐 아니라, 오히려 제재의 의도하지 않은 대상에 대한 피해가 확산될 수 있다고 지적하기도 하였다.[84] Gordon(2011)의 분석에

81) Bondi, Loretta. "Arms Embargoes : Is Name Only?" in David Cortright and George Lopez, eds. *Smart Sanctions*. Mayland : Rowman & Littlefield. 2002. p.109.
82) Elliott, Kimberly. "Analyzing the effects of targeted sanctions." in David Cortright and George Lopez, eds. *Smart Sanctions*. Mayland : Rowman & Littlefield. 2002. p.172.
83) Reid et al. "Targeted Financial Sanctions." in David Cortright and George Lopez, eds. *Smart Sanctions*. Mayland : Rowman & Littlefield. 2002. pp.41-64.
84) Corney, Richard. "The UN Experience with Travel Sanctions." in David Cortright and George Lopez, eds. *Smart Sanctions*. Mayland : Rowman & Littlefield. 2002. pp.145-170.

따르면 기본적으로 포괄적 제재보다는 스마트제재가 대상국 취약계층의 인권보호 측면에서 적절하지만 표적제재도 경우에 따라 대상국의 인권유린을 완화시키는데 한계가 있다고 지적한다. 예를 들어 대량살상무기 금수조치는 내부 경량무기 개발에 촉매제가 되며, 비교적 공급이 용이한 경량무기는 대다수의 주민들에게 공급되고, 이로 인한 사상자가 발생하는 문제가 생긴다는 것이다.[85]

〈그림 2-5〉 표적제재의 실효성 관련 주요 논의 요약

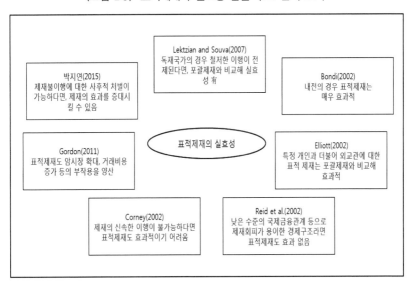

박지연(2015)
제재불이행에 대한 사후적 처벌이 가능하다면, 제재의 효과를 증대시킬 수 있음

Lektzian and Souva(2007)
독재국가의 경우 철저한 이행이 전제된다면, 포괄제재와 비교해 실효성 有

Bondi(2002)
내전의 경우 표적제재는 매우 효과적

표적제재의 실효성

Gordon(2011)
표적제재도 암시장 확대, 거래비용 증가 등의 부작용을 양산

Elliott(2002)
특정 개인과 더불어 외교관에 대한 표적 제재는 포괄제재와 비교해 효과적

Corney(2002)
제재의 신속한 이행이 불가능하다면 표적제재도 효과적이기 어려움

Reid et al.(2002)
낮은 수준의 국제금융관계 등으로 제재회피가 용이한 경제구조라면 표적제재도 효과 없음

자료 : 저자 작성

한편 박지연(2015) 또한 표적제재의 장점이 분명히 존재하지만, 포괄

85) Gordon, Joy. "Smart Sanctions Revisited." *Ethnics & International Affairs.* Vol. 25. No. 3. 2011. pp.315-335.

제재와 마찬가지로 제재 불이행에 대한 사후적 처벌이 존재해야만 제재의 효과를 증대시킬 수 있을 것이나, 특히 다자제재의 경우 사후적 처벌이 쉽지 않기 때문에 제재의 실효성은 기대하기 어렵다고 지적한다.[86]

일부 연구에서는 경제제재의 낮은 실효성의 한계와 더불어 오히려 경제제재가 대상국의 정치, 경제적인 안정에 기여하는 일종의 비의도적 효과 발생의 원인이 되고 있음을 주장하기도 한다. 여기서 경제제재의 비의도적 효과란 대상국의 의사결정 변화 등의 의도적인 효과를 제외한 나머지 부작용 등을 의미한다.[87] 경제제재의 비의도된 효과는 첫째, 대상국의 측면에서 경제문제의 확산, 부패 및 범죄의 증가, 권위주의 및 정치파벌의 확산, 인권문제 발생 등이 있다. 둘째, 발의국의 측면에서는 발의국 내 이익집단과 발의국 정부 간의 갈등 등이 있으며, 마지막으로 국제사회의 측면에서는 유엔제재의 정당성 감소, 대상국에 대한 국제사회의 레버리지 감소, 대상국의 주변국과의 마찰 발생, 발의국가들 간의 정치, 경제적 갈등 발생 등이 있다.

경제제재는 대상국 국민들에 대한 경제적 손상을 유발하고, 이들이 정책결정권자의 정책변화를 강제하여 최종적으로 외교적 행위를 바꾸게 하는 메커니즘을 기본으로 한다. 그런데 이러한 메커니즘은 한 국가의 최고 정책결정권자가 국민들의 투표를 통해 결정되거나 최고 정책결정권자의 권력이 다양한 이익집단의 압력에 영향을 받는 민주주의 국가에서 기대될 수 있는 현상이다. Allen(2008)에 따르면 지난 30년간

---

86) 박지연. "유엔의 스마트제재 연구". 『국가전략』. Vol. 21. No. 1. 2015. pp.102-103.
87) Eriksson, Mikael. "The unintended consequences of United Nations targeted sanctions." in Biersteker et al. eds. *Targeted Sanctions*. Cambridge University Press. 2016. pp.190-219.

발의된 경제제재의 78% 이상이 비민주주의 국가를 대상으로 한 것이기 때문에 경제제재 효과는 회의적일 수밖에 없다.[88] 심지어 Wintrobe (1990), Mesquita et al.(2003)는 경제제재가 비민주주의 국가를 대상으로 발의된 경우에는 제재가 오히려 대상국의 독재자에게 다양한 인센티브를 제공하게 되는 부작용을 초래한다고 주장한다.[89] 경제제재 때문에 외부 유입이 차단된 물품에 대하여 대상국의 권위주의 지도자는 자기를 추종하는 집단에 해당 물품을 밀수할 수 있는 지대추구(rent seeking)의 기회를 분배할 수 있게 되기 때문이다.[90] 이러한 지대추구에 대한 배분 권한이 커지면서 오히려 비민주적 리더의 권력은 강화될 수 있다. 물론 이러한 상황은 취약계층의 경제적 피해를 증가시켜 노약자의 생존에 부정적인 영향을 미치는 인권문제로까지 확산될 수 있다.

기존 논의를 살펴본 결과, 실효적인 제재는 존재할 수 있다. 다만, 그 조건이 매우 까다로운 것은 명확해 보인다. 경제제재가 높은 실효성을 가지기 위해서는 다양한 조건을 만족해야 한다. 기본적으로 제재 대상국은 민주주의 국가여야 하며, 대외 경제관계가 매우 긴밀하게 형성되어있어야 할 뿐 아니라, 발의국과 미래갈등에 대한 기대치도 높아야 한다. 더불어 발의국은 독재국가이어야 하며, 다른 국가들과 연합하여 제재를 부과하기 보다는 단독으로 제재를 발의함으로써 제재의 효과를 높일 수 있다. 물론 제재의 실효성을 높이기 위해서는 제재의 비의도적

88) Allen, Susan. "The Determinants of Economic Sanctions Success and Failure." *International Interactions*. Vol. 31. No. 2. 2005. pp.117-138.
89) Wintrobe, Ronald "The Tinpot and the Throat of the Nation." *International Studies Quarterly*. Vol. 52. 1990. pp.849-872; Mesquita, Bruce Berno et al. *The Logic of Political Survival*. Cambridge, MA : The MIT Press. 2003.
90) 박지연. "유엔의 스마트제재 연구".『국가전략』. Vol. 21. No. 1. 2015. p.88.

효과를 최소화하기 위한 노력도 요구된다. 다양한 비의도적 효과를 최소화하기 위해서는 기본적으로 포괄제재보다는 표적제재가 선호되며, 표적제재라도 제재 이행이 신속히 이루어져야만 제재의 실효성을 보장할 수 있을 것으로 판단된다.

제 3 장

경제제재 대상국의 선택
: 권력을 향한 도전

경제제재 대상국의 선택 : 권력을 향한 도전

1. 제재 대상국의 선택에 대한 다양한 분석들

경제제재와 관련된 선행연구들은 개별 사례 분석에 초점을 맞춘 연구와 요인분석에 초점을 맞춘 연구의 두 가지로 분류할 수 있다. 먼저 개별 사례연구에 집중한 논문들을 살펴보자.[91] Galtung(1967)은 로데지

---

[91] 경제제재에 대한 초기 연구들은 대부분 개별 사례 분석에 집중하고 있었던 반면 최근 논문들은 개별 사례에 대한 분석을 포함하고 있으면서도 다양한 요인들의 작동 과정을 보여주고 있는 등 연구의 경향을 복합적으로 담고 있기 때문에 개별 사례 분석의 선행연구는 초기 발표된 Galtung(1967)과 Wallensteen(1968)의 논문을 대상으로 소개하였다. 개별 사례연구들은 다음의 논문들에서도 관찰됨을 참고하기 바란다. Nader, Alireza. "Influence Iran's Decisions on the Nuclear Program." in Etel Solingen ed. *Sanctions, Statecraft, and Nuclear Proliferation*. Cambridge : Cambridge University Press. 2012; Maloney, Suzanne. "Sanctioning Iran : If Only It Were So Simple." *The Washington Quarterly*. Vol. 33. No. 1. 2010; McGillivray, Fiona, Allan C. Stam. "Political Institutions, Coercive Diplomacy, and the Duration of Economic Sanctions." *Journal of Conflict Resolution*. Vol. 48. No. 2. 2004; Buck, Lori, Nicole Gallant and Kim Richard Nossal.

아가 자기보존을 꾀하기 위해 저항으로 제재에 대응하였기 때문에 미국, 프랑스, 잠비아 등의 대 로데지아 경제제재가 성공하는 것은 매우 어려운 일이었다고 분석한다.[92] Wallensteen(1968)은 알바니아와 유고슬라비아가 소련의 경제제재로 인해 심각한 경제적 타격을 입었음에도 제재에 강력히 저항하였는데, 이것은 경제적 타격의 영향이 시간이 경과됨에 따라 크게 감소되었기 때문이라고 주장한다.[93] 조동호·김상기(1999), 심의섭·이광훈(2003), Haggard·Noland(2012) 등은 분석 시기에 있어 차이를 보이지만, 모두 국제사회의 대북 경제제재를 대상으로 그 효과를 분석하고 있다. 논문들은 공통적으로 북한에 대한 경제제재의 효과가 낮음을 서술하고, 그 이유를 북한의 경제적 폐쇄성에서 찾는다.[94] 정형곤·방호경(2009), 이재호·김상기(2011) 등도 대북 경제제재를 다룬 논문들이다. 이 논문들은 대북 경제제재가 북한의 수출입 변화에 어떠한 영향을 미쳤는가를 통계적으로 보여주고 있다는 점에서 의의를 가지기는 하지만, 경제제재의 경제적 효과만을 분석하였다는 측면에서 연구의 한계를 가진다.[95] 위와 같이 특정 사례를 대상으로 경제제

"Sanctions as a Gendered Instrument of Statecraft : The Case of Iraq." *Review of International Studies*. Vol. 24. No. 1. 1998 등.

92) Galtung, Johan. "On the Effects of International Economic Sanctions : With Examples from the Cases of Rothesia." *World Politics*. Vol. 19. No. 3. 1967.

93) Wallensteen, Peter. "Characteristics of Economic Sanctions." *Journal of Peace Research*. Vol. 5. No. 3. 1968.

94) 조동호·김상기. "미국의 대북제재 완화의 경제적 효과". 『KDI정책포럼』. No. 149. 1999; 심의섭·이광훈. "미국의 북한에 대한 경제제재". 『동북아경제연구』. Vol. 15. No. 1. 2003; Haggard, Stephan and Marcus Noland. "Engaging North Korea : the Efficacy of Sanctions and Inducements." in Etel Solingen ed. *Sanctions, Statecraft, and Nuclear Proliferation*. Cambridge : Cambridge University Press. 2012.

95) 정형곤·방호경, 『국제사회의 대북경제제재 효과 분석』. 동북아연구시리즈 09-04. 서울 : 대외경제정책연구원. 2009; 이재호·김상기. 『UN 대북경제제재의 효과분석 : 결

재를 분석한 논문들은 상황을 현상적으로 소개하는데 초점을 맞추고 있어 경제제재의 작동 과정에 대한 구조적 접근이 결여되어 있다는 한계를 가지고 있다.

두 번째로는 경제제재의 효과에 영향을 미치는 요인을 분석한 논문들이 있다. 이러한 연구들은 다시 사례연구를 통해 요인을 도출한 논문들과 이론적인 접근을 통해 요인을 도출한 논문들로 나누어진다. 먼저, 사례들을 관찰하여 경제제재의 효과에 영향을 미치는 요인들을 분석한 논문들을 살펴보자. Knorr(1977)는 역사적으로 성공한 경제제재는 찾아보기 힘들다고 주장한다.[96] 이 논문이 분석하고 있는 경제제재 실패의 원인은 매우 복합적인데, 이는 발의국과 대상국의 국내 정치·경제적 요인들과 경제제재의 요구사항, 지속기간 등을 포함하고 있다. 다음으로 Gilpin(1977)은 대상국의 대외무역 구조가 경제제재의 효과에 중요한 영향을 미친다고 주장한다.[97] Gilpin(1977)에 따르면, 대상국이 발의국을 대체할 무역 대상국을 찾는 것이 어렵지 않다면 경제제재의 효과는 높지 않다. Doxey(1987)는 경제제재 대상국이 독재국가라면 경제제재에 대한 저항의 비용이 높지 않다고 주장한다.[98] 왜냐하면 민주주의 국가와 비교해 독재국가인 대상국은 제재로 인해 피해를 입는 국내 기업이

의안 1874호를 중심으로』. 정책연구시리즈 2011-12. 서울 : 한국개발연구원. 2011.

96) Knorr, Klaus. "International Economic Leverage and its Uses." in Knorr Klaus and Frank Trager eds. *Economic Issues and National Security*. KANSAS: University Press of KANSAS. 1977. p.105.

97) Gilpin, Robert. "Economic Independence and National Security in Historical Perspectives." in Knorr Klaus and Frank Trager eds. *Economic Issues and National Security*. KANSAS : University Press of KANSAS. 1977.

98) Doxey, Margaret. *International Sanctions in Contemporary Perspective*. New York : St. Martin's Press. 1987.

나 단체를 억압하는 것이 수월할 수 있기 때문이다. 따라서 독재국가인 경제제재 대상국은 쉽게 제재에 저항할 수 있는 것이다.

사례를 통해 경제제재의 효과에 영향을 미치는 요인들을 분석한 논문들중 보다 발전된 연구로 Hufbauer et al.(1985, 1990, 2007)을 꼽을 수 있다. 그들이 다룬 요인들은 경제제재 발의국의 체제 특징, 수출입 구조, 그리고 경제제재 대상국의 정치, 경제적 상황 등 기존 연구자들이 다룬 변수들과 크게 다르지 않다. 그러나 그들은 20세기 이후 경제제재 사례들을 체계적으로 정리하고 있으며, 다양한 요인들의 작동과정을 분석하고 이를 일관된 시각으로 지수화해 놓았다는 측면에서 높은 평가를 받고 있다. 그들은 1985년 103개의 경제제재 사례를 대상으로 연구를 시작하였다.[99] 1990년 논문은 분석대상을 116개 사례로 늘렸다.[100] 2007년 발표된 그들의 논문은 분석대상을 204개 사례로 증가시켰을 뿐 아니라 변수 측정에 있어서도 정교함이 더해졌다는 평가를 받고 있다.[101]

다음으로 이론적인 접근을 바탕으로 경제제재의 효과에 영향을 미치는 요인을 도출한 논문들을 살펴보자. 이들은 경제제재를 발의국과 대상국의 상호작용으로 파악하고, 상호작용의 내부 요인들을 연구대상으로 삼고 있다. 첫째, Drezner(1999)는 게임이론(game theory)를 이용하여 경제제재의 효과에 대한 구조적 분석을 시도하고 있다.[102] 그의 논문에

99) Hufbauer et al. *Economic Sanctions Reconsidered*. Washington, DC : Peterson Institute of International Economics. 1985.
100) Hufbauer et al. *Economic Sanctions Reconsidered 2nd edition*. Washington, DC : Peterson Institute of International Economics. 1990.
101) Hufbauer et al. *Economic Sanctions Reconsidered 3rd edition*. Washington, DC : Peterson Institute of International Economics. 2007.
102) Drezner, Daniel. *The Sanctions Paradox*. Cambridge : Cambridge University Press. 1999.

따르면, 발의국과 대상국의 관계가 우호적일수록 미래갈등기대 정도가 높기 때문에 경제제재가 발의될 확률은 낮아진다. 그러나 이 경우 대상국의 제재 저항에 대한 기회비용이 높아 경제제재의 효과는 증가하게 된다. 반면, 두 국가의 관계가 적대적일수록 미래갈등기대 정도가 낮아 경제제재가 발의될 확률은 높아진다. 그러나 이 경우 대상국의 제재 저항에 대한 기회비용이 낮아 경제제재의 효과는 감소한다. 결국 Drezner (1999)는 미래갈등기대 정도의 요인을 중심으로 경제제재가 효과가 높을 것으로 예상되는 대상국에게 발의되지 않고 오히려 효과가 낮을 수밖에 없는 대상국에게 발의되기 때문에 종합적으로 경제제재의 효과는 낮게 나타날 수밖에 없음을 분석한 것이다. 그는 Hufbauer et al.(1990)의 데이터를 이용해 실증분석을 실시하여 자신의 주장에 설득력을 높이고 있다. 둘째, Krustev(2008)는 경제제재 대상국을 위험중립적인 행위자로 가정하고 있다. 그의 논문에 따르면, 대상국은 게임의 구조(game tree) 안에서 상대의 요구사항에 대한 자국의 효용을 계산하고 그 결과에 따라 경제제재에 대한 대응을 결정하게 된다.103) Krustev(2008)는 통계분석을 통해 경제적으로 우월한 강대국이 발의자이면서 군사적 위협이 동반되는 경우 대상국은 저항하기 어렵다. 즉, 군사적 위협이 동반된다면 경제제재는 더욱 효과적일 것으로 분석하고 있다.

위 논문들은 행위자들의 상호작용 구조를 바탕으로 경제제재 효과에 영향을 미치는 요인들의 작동을 설명하였다는 점에서 높은 평가를 받는다. 그러나 경제제재의 발의국과 대상국을 합리적 행위자104)로만 가

---

103) Krustev, Valentin. *Bargaining and Economic Coercion : The Use and Effectiveness of Sanctions.* VDM Verlag. 2008.
104) 추후 언급되는 전망이론에서의 행위자 역시 편익과 비용 비교를 바탕으로 의사결

정하고 있다는 측면에서 연구의 한계를 드러낸다.

이 책은 선행연구의 이러한 한계를 보완하고자 전망이론을 도입하도록 한다. 즉, 저자는 경제제재 대상국을 객관적인 가치와 확률이 아닌, 준거점에 따른 가치와 과대 혹은 과소평가된 확률에 따라 의사결정을 내리는 행위자로 가정할 것이다. 그리고 이러한 가정에 기반을 둔 경제제재 대상국의 의사결정을 모델화할 것이다.

〈표 3-1〉 제재 대상국의 의사결정 관련 선행연구 요약

시각		연구자	주요 내용
사례 분석		Johan Galtung(1967)	로데지아에 대한 경제제재
		Peter Wallensteen(1968)	알바니아와 유고슬라비아에 대한 경제제재
		조동호·김상기(1999)	북한에 대한 경제제재
		심의섭·이광훈(2003)	북한에 대한 경제제재
		정형곤·방호경(2009)	북한에 대한 경제제재의 경제적 효과
		이재호·김상기(2011)	북한에 대한 경제제재의 경제적 효과
		Haggard·Noland(2012)	북한에 대한 경제제재
요인 분석	사례 중심	Klaus Knorr(1977)	발의국과 대상국 및 제재의 특성
		Robert Gilpin(1977)	국가들 간의 경제 의존성
		Margaret Doxey(1987)	국가체제의 특성
		Hufbauer et al. (1985, 1990, 2007)	발의국과 대상국 및 제재의 특성(계량분석)

정을 한다는 측면에서는 합리적이라고 말할 수 있으나 기존 연구에서의 합리성은 객관적인 가치와 확률에 의해 이루어지는 의사결정임에 반해 전망이론에서의 행위자는 주관적인 기준으로 가치와 확률을 평가한다는 점에서 차이가 있다.

이론 중심	Diniel Drezner(1999)	게임이론(미래기대갈등의 요인)
	Valentin Krustev(2008)	게임이론(비대칭적인 경제력·군사위협의 요인)

자료 : 저자 작성

2. 제재 대상국 선택의 의사결정 분석 모델

1) 이론적 토대 : 전망이론

카너먼(Daniel Kahneman)과 트버스키(Amos Tversky)가 제안한 전망이론은 불확실성 하에서의 의사결정 결과를 전망해보고자 하는 이론이다. 그들은 불확실성 하에서 인간의 선택이 추단(推斷, heuristic)에 의해 결정된다고 주장한다. 해당 추단의 규칙성은 의사결정의 최종 행태를 통해 분석할 수 있다. 카너먼과 트버스키는 실험을 통해 추단의 특징을 규명하고, 이를 가치함수(value function)와 확률가중함수(probability weighting function)로 정리하고 있다. 가치함수와 확률가중함수의 도출과 관련한 그들의 실험을 살펴보면 다음과 같다.

카너먼과 트버스키의 실험 결과, 추단에 의한 가치 판단은 다음과 같은 규칙성을 띤다. 첫째, 인간의 가치 판단은 준거점(reference point)을 기준으로 이루어진다. 사람들은 선택의 상황에서 순자산의 크기가 아닌 준거점에 의해 판단되는 영역이 이익이냐 손실이냐를 중요하게 생각한다는 것이다. 예를 들어 A의 자산이 3,000만원에서 2,000만원으로 감소하고 B의 자산은 1,000만원에서 1,100만원으로 증가한 경우를 상정해 보자. 만약 최종적인 자산을 기준으로 판단한다면 A가 B보다 행복하겠지만, 실제 현실에서는 B가 더 행복하다고 생각하는 사람이 많을 것이다. 현재의 가치에 대한 효용은 준거점으로부터의 변화에 의해 결정되기 때문에 준거점을 기준으로 음(-)의 변화를 가진 A보다 양(+)의 변화를 가진 B가 더 행복하다는 것이다. 카너먼과 트버스키는 이를 준거점 의존성(reference dependency)에 따른 영역효과(frame effect)라고 부른다.

추단에 의해 나타나는 가치 판단의 두 번째 특징은 준거점으로부터의 변화량이 양(+)일 경우와 음(-)일 경우 그 절대값이 같더라도 해당 값의 체감이 다르다는 것이다. 예를 들어 대부분의 사람들은 1,000원을 0.5의 확률로 얻거나 1,000원을 0.5의 확률로 잃게 될 복권, 즉 (1,000, 0.5: -1,000, 0.5)의 복권을 선택하지 않는다. 왜냐하면 사람들은 금액이 같은 경우 이익보다 손실을 더 크게 평가하기 때문이다. 카너먼과 트버스키는 이를 손실회피(loss adverse)라고 명명하며, 손실을 이익보다 크게 평가하는 정도를 손실회피계수로 정의한다. 실험 결과에 따르면, 사람들은 손실을 이익에 비해 약 2배 더 크게 평가하는 것으로 관찰되었는데, 이 경우 손실회피계수는 2가 된다.[105] 물론 손실회피계수는 경우에 따라 달라질 수 있으나 카너먼과 트버스키의 실험에 의하면 대부분 1.5-2.5 범위 내에 속해 있다.[106]

105) Kahneman, Daniel and Amos Tversky. "The Framing of Decisions and the Psychology of Choice." *Science*. Vol. 211. 1981. p.457.
106) Kahneman, Daniel. *Thinking Fast and Slow*. Allen Lane. 2011. p.284.

<표 3-2> 한계효용체감에 대한 실험

실험 1 (N=68)

(1) (6000, 0.25)   (18%)
(2) (4000, 0.25 : 2000, 0.25)   (82%)

실험 2 (N=64)

(1) (-6000, 0.25)   (70%)
(2) (-4000, 0.25 : -2000, 0.25) (30%)

자료 : Kahneman, Daniel and Amos Tversky. "Prospect Theory : An Analysis of Decision under Risk." *Econometrica*. Vol. 27. No. 2. 1979. p.278.

셋째, 추단에 의한 가치 판단은 변화에 대한 민감도가 감소한다는 특징을 가지고 있다. 즉, 이익이나 손실의 가치가 작을 때에는 가치 변화에 민감하나 이익이나 손실의 가치가 커짐에 따라 민감도가 작아진다는 것이다. <표 3-2>의 실험을 살펴보자. 질문은 대안 중 하나를 선택하는 형식이며, 괄호 안의 수치는 해당 대안을 선택한 사람의 비율을 나타낸다.[107] <표 3-2>의 실험 1에서 대안 (1)과 대안 (2)는 동일한 기댓값을 지닌다. 그러나 실험 결과 대부분의 사람들은 6,000만원을 0.25의 확률로 얻는 대안 (1)보다 4,000만원을 0.25의 확률 또는 2,000만원을 0.25의 확률로 얻는 대안 (2)를 선호한다. 실험 2는 같은 절대값임에

---

107) 카너먼(Kahneman)과 트버스키(Tversky)의 실험에서 화폐 단위는 이스라엘 파운드였으며, 실험 참가자의 월수입은 3,000파운드로 해당 상금은 실험대상자에게 유의미한 크기를 가진다고 전제되었다. 실제 화폐단위는 어느 것이나 상관없으므로 이해를 돕기 위하여 이 책에서는 화폐단위를 원화로 변환하여 사용한다.

도 불구하고 손실의 영역에서는 반대의 선호를 하고 있음을 보여준다. 이러한 특성을 카너먼과 트버스키는 민감도 체감성(diminishing sen- sitivity) 이라 부른다.

결국 전망이론에 따르면 현실에서 사람들은 대안들이 가지고 있는 가치를 추단에 의해 평가하며, 가치에 대한 평가는 준거점 의존성, 손실회피, 그리고 민감도 체감성 등의 특성을 지니는 것으로 관찰된다. 이러한 특성들로 인해서 가치함수는 <그림 3-1>과 같은 형태를 지니게 된다. 즉, 사람들이 느끼는 가치(V)는 준거점으로부터의 이익 혹은 손실의 크기(x)의 함수이고, 손실회피 특성에 따라 양(+)의 영역보다 음(-)의 영역에서 기울기가 더 크며(steeper), 양(+)의 영역에서 오목(concave)하고 음(-)의 영역에서 볼록(convex)한 이유는 민감도가 체감하기 때문이다.

〈그림 3-1〉 가치함수

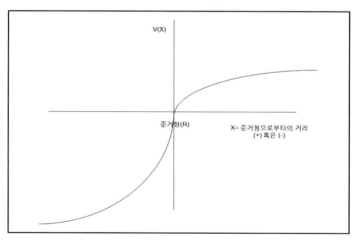

자료 : Kahneman, Daniel and Amos Tversky. "Prospect Theory : An Analysis of Decision under Risk." *Econometrica*. Vol. 27. No. 2. 1979. p.279.

다음으로 확률가중함수와 관련한 실험에 대해 살펴보자. 카너먼과 트버스키의 실험에 의하면 사람들은 가치의 발생 확률 역시 추단에 의해 평가한다. 이러한 평가방식은 다음과 같은 규칙성을 띤다. 첫째, 인간은 확실한 것과 거의 확실한 것을 완전히 다르게 평가한다. 예를 들어 확실한 확률 1은 1로 평가하지만, 거의 확실한 확률인 0.95는 0.95보다 작게 평가한다는 것이다. 즉, 사람들은 거의 확실한 결과들에 대해서는 확률을 과소평가하기 때문에 실제보다 낮은 확률 가중치를 부여함으로써 완전히 확실한 결과들과 효용 차이를 확대시킨다. 카너먼과 트버스키는 이를 확실성 효과(certainty effect)라고 부른다.

둘째, 사람들은 절대로 불가능한 것과 가능성이 매우 낮긴 하지만 존재하는 것을 완전히 다르게 평가한다. 예를 들어 사람들은 100만원을 받을 확률이 0%에서 5%로 5%포인트로 증가할 경우와 15%에서 20%로 5%포인트 증가할 경우 앞의 경우에 대해 더욱 높은 가중치를 부여한다. 즉, 두 경우에 있어서 확률의 실제 변화량은 동일하지만 심리적 확률의 증가폭은 동일하지 않은 것이다. 이처럼 사람들은 발생할 가능성이 매우 낮은 결과들에 대해 객관적 수준 이상으로 확률을 과대평가한다. 카너먼과 트버스키는 이를 가능성 효과(probability effect)라고 부른다.

실제로 도박에 참여하는 사람들을 대상으로 확률이 가중되는 정도를 측정한 결과는 확실성 효과와 가능성 효과의 존재를 보여준다.108) 첫째, 사람들은 확실성 효과에 의해 확률 1에 대한 결정 가중치는 1로, 1 부근의 확률에 대해서는 실제 이하의 확률로 인식하고 있었다. 둘째, 사람들은 가능성 효과에 의해 확률이 0 부근인 경우에 대해서는 실제

---

108) Kahneman, Daniel. *Thinking Fast and Slow*. Allen Lane. 2011. pp.314-316.

이상으로 과도한 가중치를 부여하고 있었다. 이처럼 사람들은 자신의 선택에 따른 가치 발생의 예상 확률을 추단에 의해 평가하며, 이러한 평가는 확실성 효과와 가능성 효과라는 특성을 지니는 것이다. 따라서 현실에서 관찰되는 실제의 확률가중함수는 <그림 3-2>와 같이 나타낼 수 있다.

<그림 3-2> 확률가중함수

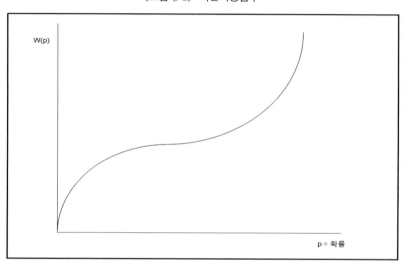

자료 : Kahneman, Daniel and Amos Tversky, "Prospect Theory : An Analysis of Decision under Risk," *Econometrica*, Vol. 27, No. 2, 1979, p.283.

이상에서 설명한 바와 같이 전망이론에 따르면 사람들의 선택은 가치와 확률에 대한 추단에 의해 결정된다. 사실 불확실성 하에서의 선택이 가치와 확률에 의해 결정된다는 것은 새로운 논의가 아니다. 그러나 전망이론은 가치가 단순히 순이익 혹은 순손실의 크기가 아니라 준거점으로부터의 변화의 크기이며, 확률 역시 확률의 수준에 따라 과대 혹은 과소평가된다는 점을 실제의 실험을 통해 보여주고 있다는 측면에서 의의를 지닌다. 결국 전망이론에 의하면 사람들의 의사선택에 중요한 영향을 끼치고 있는 것은 '준거점'과 '확률의 수준'인 것이다.

전망이론은 국제정치를 분석하기 위한 이론이 아니다. 전망이론은 인간의 경제적 행위 중에서 추단에 의한 선택으로 판단되는 것들의 규칙성을 규명하기 위해 심리학과 경제학의 시각을 통합한 이론이다.109) 앞서 살펴보았듯이 전망이론은 개인의 경제적 행위에 대한 의사선택을 실험을 통해 분석한 이론이기 때문에 국가의 외교적 행위를 분석하는 데 한계를 가질 수 있다.110) 그럼에도 불구하고 전망이론이 "의사선택이 맥락(context)과 상황(situation)을 고려하여 분석되어야 한다"는 함의를 가지고 있다는 측면에서 개인뿐만 아니라 국가의 의사결정을 분석하는 데 중요한 실마리를 제공할 수 있다.111) 더구나 이 책의 분석 대상인 경제제재 대상국은 많은 경우 비민주주의 국가이다. 이 경우 국가의 의사결정이 국가 지도자 개인의 의사선택에 기반을 두는 경우가 대다수이기 때문에 전망이론으로부터의 함의를 적용하는 것은 유효할 것이라

---

109) 도모노 노리오. 이명희 역.『행동 경제학』. 서울 : 지형. 2007. pp.43-46.

110) Boettcher, William A. Ⅲ. "Context, Method, Numbers and Words : Evaluating the Applicability of Prospect Theory to International Relations." *Journal of Conflicts Resolution*. Vol. 39. No. 3. 1995. pp.577-579; Levy, S. Jack. "Prospect Theory and International Relations : Theoretical Applications and Analytical Problems." in Barbara Farnham ed. *Avoiding Losses/Taking Risks Prospect Theory and International Conflict*. Ann Arbor : University of Michigan Press. 1994. pp.128-142.

111) Hwang, Jihwan. "Weaker States, Risk-Taking, and Foreign Policy : Rethinking North Korea's Nuclear Policy, 1989-2005." University of Colorado Ph.D Dissertation. 2005. p.23; McDermott, Rose. "Prospect Theory in Political Science : Gain an Losses from the First Decade." *Political Psychology*. Vol. 25. No. 3. 2004. p.290.

고 판단된다. 뿐만 아니라, 경제제재에 대한 대응은 외교적 행위이기도 하지만 발의국의 경제적 행위에 대한 대상국의 의사결정이기도 하다는 측면에서 경제적인 맥락을 가지고 있다. 따라서 경제적 행위에 대한 개인의 의사선택을 분석한 전망이론의 함의를 도입하여 대상국의 의사결정 요인들을 분석하는 것은 적지 않은 의의를 가질 수 있을 것이다.

실제로 전망이론을 국제정치경제의 분석에 활용한 논문은 다수 존재한다. 우선 Jervis(1994)는 이익보다 손실에 예민하게 반응한다는 손실회피의 개념과 확률을 과대 혹은 과소평가하여 인지한다는 확률가중평가의 개념을 통해 전망이론이 국가의 대외정책 결정을 분석하는 데에 유용한 도구가 될 수 있다고 주장한다.[112] 그에 의하면 전망이론은 국제정치경제 연구에 다음과 같은 분석틀을 제공할 수 있다. 첫째, 국가는 위험한 선택을 하지 않을 경우 확실한 손실(sure loss)이 예상된다면 위험에 따르는 이익의 발생 확률이 낮더라도 위험한 선택을 한다.[113] 행위자는 이익에 비해 손실에 강하게 반응하는 경향이 있으므로 손실을 회피하려고 할 것이기 때문이다. 여기서 위험에 따르는 이익의 발생 확률이 낮은 경우라도 해당 확률이 과대평가되기 때문에 위험한 선택을 할 유인은 더욱 커진다. 이러한 논의는 국가가 왜 이길 확률이 극히 낮은 전쟁을 발의하거나 혹은 그런 전쟁에 참여하는지를 연구하는데 유용한

---

112) Jervis, Robert. "Political Implications of Loss Aversion." in Barbara Farnham ed. *Avoiding Losses/Taking Risks Prospect Theory and International conflict*. Ann Arbor : University of Michigan Press. 1994. pp.23-38.

113) Levy, S. Jack. "Prospect Theory and International Relations : Theoretical Applications and Analytical Problems." in Barbara Farnham ed. *Avoiding Losses/Taking Risks Prospect Theory and International Conflict*. Ann Arbor : University of Michigan Press. 1994. pp.139-140. Levy에 의하면 위험한 선택(risky option)이란 불확실성 즉, 확률을 포함한 선택이다. 여기서 모든 이익과 손실에 대한 판단기준은 준거점이다.

분석틀을 제공할 수 있다. 둘째, 국가는 위험한 선택을 할 경우 확실한 손실을 예상한다면 현상 유지를 선택한다. 행위자는 이익을 얻지는 못하더라도 손실은 회피하려고 하기 때문이다. 이러한 함의는 국가들이 왜 극도의 갈등관계를 지속하면서도 전쟁을 일으키지 않는가를 설명하는 데에 활용할 수 있다.

전망이론의 이러한 함의는 다양한 사례 분석에 적용되어 왔다. 특히 국가들의 위험추구적인 의사결정의 요인을 다루는데 전망이론은 유의미한 분석틀을 제공해왔다. 첫째, McDermott(1998)은 이란에 억류된 자국민을 구출하기 위해 군사력을 투입하기로 했던 미국 카터(Jimmy Carter) 대통령의 의사결정을 전망이론을 통해 분석한다. 재이란 미국 대사관의 직원들이 이란에 억류되었던 1979년 당시 미국의 경제상황은 매우 나빴으며 이에 따라 카터 정권의 지지도가 급격히 하락하고 있었다. 이러한 상황에서 카터 대통령은 100%의 확률고 예상되는 국내 지지도 추락을 보고만 있을 수 없었고 결국 승리의 확률이 낮을 수 있음에도 불구하고 무력을 사용한 대 이란 정책을 선택한 것이다.[114] 즉, McDermott (1998)에 따르면 "카터 대통령은 위험이 수반되었지만 확실하게 예상되는 지지도 추락을 피할 수 있었기 때문에 이란에 군사력을 투입했다"고 분석할 수 있다. 둘째, Park(2004)은 이라크와 미국 간의 갈등, 영국과 아르헨티나 간의 갈등 및 1973년 중동전쟁에서 이집트와 이스라엘 간의 갈등 사례들을 전망이론으로 분석하고 있다.[115] 그는 당시 이라크, 아

---

114) McDermott, Rose. *Risk-Taking in International Politics Prospective Theory in American Foreign Policy*. Ann Arbor : University of Michigan Press. 1998.

115) Park, Sanghyun. "Cognitive Theory of War : Why Do Weak States Choose War against Stronger States?" The University of Tennessee Ph.D Dissertation. 2004. 예를 들어 Park

르헨티나, 이집트의 정치·경제·외교 현황을 설명하면서 각 국가들이 상황을 어떻게 파악했는지를 서술하였다. 그 결과 승리의 확률이 매우 낮을 것임을 예상하면서도 약소국들이 강대국과의 갈등에 대해 군사적 충돌이라는 위험한 선택을 하게 되는 과정을 구체적으로 논의하였다. 셋째, Hwang(2005)은 북한이라는 약소국이 미국이라는 강대국에 대해 강경한 외교적 대응을 보이는 것은 북한의 손실회피성 때문이라고 설명한다.116) 북한은 자국이 놓인 상황을 음(-)의 영역으로 파악하고 있었기 때문에 위험추구적인 대미 강경책을 발의한다는 것이다.

전망이론은 국가의 위험회피적인 의사결정 분석에도 적용되었다. 사실 국제정치경제에서 위험회피적 선택은 합리적 선택으로 여겨져 왔기 때문에 합리적 선택이론을 활용하는 것이 일반적이었다. 그러나 Farnham (1994)은 전망이론을 이용하여 미국의 루즈벨트(Franklin Roosevelt) 대통령이 제2차 세계대전 초기, 전쟁에 참여하지 않았던 이유를 손실회피를 위한 현상유지 정책으로 설명하고 있다.117) 루즈벨트 대통령은 당시 미국의 국내 정치경제적인 상황이 매우 안정적이었기 때문에 전쟁에 참여하면 이기든 지든 모두 손실을 경험할 것이라 전망하였다. 따라서 전쟁에 참여하지 않는 현 상태를 유지하는 것이 현명한 선택이라고 확신했다는 것이다. Farnham(1994)은 전쟁 불참이라는 미국의 위험회피적인

(2004)은 걸프전 당시 이라크가 미국의 공격에 항복하지 않고 전쟁 참여를 선택한 준거점으로 1990년 이라크의 경제상황을 분석하고 있다. 즉, 이라크는 심각한 경제위기라는 확실한 손실을 피하기 위해 전쟁참여라는 위험추구적인 선택을 한 것이다.

116) Hwang, Jihwan. "Weaker States, Risk-Taking, and Foreign Policy : Rethinking North Korea's Nuclear Policy, 1989-2005." University of Colorado Ph.D Dissertation. 2005.

117) Farnham, Barbara. "Roosevelt and the Munich Crisis : Insights from Prospect Theory." in Barbara Farnham ed. *Avoiding Losses/Taking Risks Prospect Theory and International Conflict*. Ann Arbor: University of Michigan Press. 1994. pp.41-71.

결정이 일정 시간이 지난 후 전쟁 참여라고 하는 위험추구적인 결정으로 바뀌는 과정도 전망이론으로 설명하고 있다. 유럽에서의 전쟁 격화로 미국의 정치경제 상황이 불안해지자 현 상태를 유지하는 것이 확실한 손실을 예상하도록 했다는 것이다. 즉, 루즈벨트 대통령은 전쟁에 불참할 경우 확실한 손실을 예상했기 때문에 해당 손실을 피해야 했고, 따라서 전쟁에 참여해서 낮은 확률일지라고 전쟁에 승리하면 이익을 전망할 수 있는 선택으로 결정을 바꾸게 되었다는 것이다. 준거점의 변화는 1차 세계대전에 대한 프레이밍(framing)의 변화를 가지고 왔으며, 이에 따라 의사결정의 패턴이 위험회피적인 선택에서 위험추구적인 선택으로 바뀌게 된 것이다.118)

이처럼 전망이론은 국가의 대외정책 결정 분석에 유효한 함의를 제공해왔다. 특히 전망이론은 위험추구적인 의사선택을 분석하는데 종종 도입되었었다. 그렇다면 전망이론은 경제제재의 효과, 즉 경제제재에 대한 대상국의 의사결정을 분석하는 데에도 유용한 분석틀을 제공할 수 있을 것이다. 경제제재는 국제정치에서 흔히 발견되는 외교적 행위이며, 그 효과는 대상국의 저항(위험추구적인 의사선택) 혹은 대상국의 수용(위험회피적인 의사 선택)의 결과로 나타나기 때문이다. 더구나 경제제재 대상국의 의사결정은 강대국의 경제적 위협에 강력히 저항하는 위험추구적인 선택으로 관찰되는 경우가 매우 빈번하다는 측면에서 전망이론의 도입은 경제제재 대상국의 의사결정의 요인을 파악하는데 중요한 함의를 제공해줄 수 있다.

---

118) Farnham, Barbara. "Roosevelt and the Munich Crisis : Insights from Prospect Theory." in Barbara Farnham ed. *Avoiding Losses/Taking Risks Prospect Theory and International Conflict.* Ann Arbor : University of Michigan Press. 1994. pp.41-71.

2) 제재 대상국 의사결정의 규칙성 탐색

이 책은 대상국의 시각(perspective)을 중심으로 경제제재의 효과를 다루고 있기 때문에 경제제재의 효과는 최종적으로 대상국의 의사에 따라 결정된다고 본다. 따라서 경제제재의 효과가 높다는 것은 대상국이 발의국의 요구를 수용하는 결정을 내린 것을 의미하며, 경제제재의 효과가 낮다는 것은 대상국이 발의국의 요구를 수용하지 않는 결정을 내린 것을 뜻한다.

이 책에서 상정하는 경제제재의 흐름도(flow chart)는 <그림 3-3>과 같이 정리할 수 있다.

〈그림 3-3〉 경제제재와 대상국의 선택

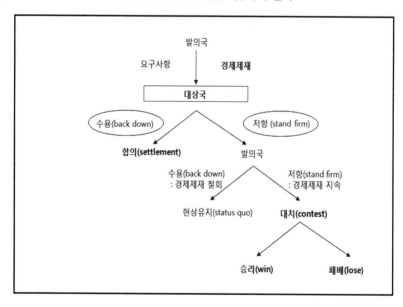

우선 발의국은 특정 외교적 요구에 대한 반대급부로 경제제재를 발의한다. 대상국은 이에 대해 수용(back down)과 저항(stand firm)의 선택을 가진다. 만약 대상국이 요구를 수용한다면, 양측의 합의(settlement)가 이루어져 게임이 종료된다. 그러나 대상국이 경제제재에 저항한다면, 발의국은 경제제재를 철회하거나 지속할 수 있다. 만약 철회한다면 대상국은 경제제재가 발의되기 이전의 상태(status quo)를 유지하며, 지속한다면 대상국은 발의국과의 대치(contest) 상태에 놓이게 된다. 대치의 최종적 결과로서 대상국은 승리(win) 혹은 패배(lose)를 예상하게 된다.

대상국은 선택의 결과인 합의와 대치의 기대효용을 비교하여 최종 선택을 내린다. 즉, 경제제재 대상국은 현상유지의 결과를 전망하지 않을 것으로 전제되는 것이다. 왜냐하면 대상국이 '발의국의 요구에 저항한 대상국을 그대로 수용할 것으로 예상'한다면, '무조건 저항'할 것이며, 그렇다면 발의국은 '경제제재를 발의하지 않을 것'이기 때문이다. 따라서 본 논문은 경제제재가 발의되는 경우라면 '대상국은 발의국이 대상국의 저항을 그대로 수용하지 않을 것'임을 예상한다고 가정하는 것이다.119) 다시 말해서, 해당 경제제재가 대상국에게 신뢰될 만한 수준이라고 가정되어야만 <그림 3-3>과 같은 흐름도가 완성될 수 있는 것이다. 물론 이러한 가정이 비현실적인 것은 아니다. 현실의 국제정치경제에서 자국의 요구에 저항하는 대상국을 그대로 수용할 의도를 가진 발의국은 없을 것이기 때문이다.

전망이론의 국제정치경제적 함의에 따르면, <그림 3-3>의 흐름도에

---

119) 발의국은 대상국이 제재에 저항하는 경우 그대로 수용(back down)하지 않는다고 가정한다. 이는 발의국에게 대치 상태의 효용이 수용의 효용보다 크다는 것을 가정하는 셈이다.

서 대상국의 경제제재에 대한 대응은 위험회피적인 혹은 위험추구적인 선택으로 구분될 수 있다.[120] 첫째, 경제제재 대상국이 대치 시 승리에 대해 손실을 예상한다면 대치 시 패배의 심각한 손실을 감수하면서까지 저항할 유인이 사라지게 되므로 경제제재에 대한 수용을 택하는데, 이는 저항에 비해 위험회피적인 선택이다. 둘째, 경제제재 대상국이 대치 시 승리에 대해 이익을 예상한다면 경제제재에 의한 확실한 손실을 피하고 해당 이익을 추구하기 위해 경제제재에 대한 저항을 선택하는데, 이는 수용에 비해 위험추구적인 선택이다.

예를 들어 경제제재에 대한 남아프리카 공화국의 의사결정을 전망이론적 함의를 바탕으로 논의해볼 수 있다. 남아프리카 공화국은 우라늄 광산을 가지고 있어 오랫동안 강대국의 우라늄 공급원이 되어왔었다. 남아프리카 공화국은 2차 세계대전 당시 최초의 핵무기 프로그램인 "맨하탄 프로젝트"에 관해 미국에게 우라늄을 공급하였으며, 영국의 핵무기 프로그램과 관련해서도 일정량의 우라늄을 제공하였다. 이러한 남아프리카 공화국이 원자로를 개발하기 시작한 것은 1960년대부터였다. 남아프리카 공화국은 1965년 미국의 기술지원 하에 10MWe급 연구용 원자로인 'SAFARI' 1호를, 1967년 이스라엘의 지원 하에 'SAFARI' 2호를 준공하였다.[121] 1969년 핵개발 기술축적을 바탕으로 'Y-Plan'이라

---

120) 앞서 서술하였듯이 전망이론에서 그 선택이 불확실한 결과를 포함한다면 위험추구적인 선택, 확실한 결과를 도출한다면 위험회피적인 선택이다. Levy, S. Jack. "Prospect Theory and International Relations : Theoretical Applications and Analytical Problems." in Barbara Farnham ed. *Avoiding Losses/Taking Risks Prospect Theory and International Conflict*. Ann Arbor: University of Michigan Press. 1994. pp.139-140.

121) DNSA(Digital NaSecurity Achieve). Document No. 00226. 1979. http://nsarchive.chadwyck.com/home.do (검색일 : 2011. 11. 25).

명명된 실험용 우라늄 농축시설을 건설하였는데 이 시설은 상업용 목적이 1차적인 것이었지만, 경우에 따라 핵무기 생산에 필요한 우라늄도 생산할 수 있는 것이었다.[122] 이로써 남아프리카 공화국은 1970년대부터 자체적으로 우라늄 농축과 핵연료 제조가 가능한 국가가 되었다. 남아프리카 공화국이 본격적으로 핵무기를 개발하기 시작한 것은 1974년부터였는데, 1976년부터 1977년까지 2년 동안 영토 내 북부지역에 200M 깊이로 2개의 핵실험장을 건설하였다.[123] 사실 1960년대 후반부터 미국은 남아프리카 공화국의 NPT 가입을 대 남아프리카 공화국 외교의 주요 안건으로 삼고 있었다. 남아프리카 공화국이 1957년 설립된 국제원자력기구(International Atomic Energy Agency : 이하 IAEA)의 상임이사국임에도 불구하고 NPT 가입에 대한 서명을 거부해왔었기 때문이었다. 결국 1977년 'Y-Plan'이라 명명된 실험용 우라늄 농축시설의 건설이 표면화되자 미국은 경제제재를 발의하게 된 것이다.[124] 미국의 경제제재는 남아프리카 공화국에 대한 원유수출 중단에 관한 것이었는데, 이러한 경제제재 때문에 남아프리카 공화국은 심각한 에너지 공급난을 겪어야만 하였다. 남아프리카 공화국은 미국의 경제제재로 인해 가동에 차질을 빚고 있는 'SAFARI' 1호에 대한 HEU 수송 문제와 'Koeberg' 1호, 2호에 대한 기술지원 문제를 조속히 해결해줄 것을 요구하면서도 NPT 가입은 거부하는 등 미국의 경제제재에 강하게 저항하였다. 1993

---

122) 장성욱. "남아프리카 공화국의 핵무기 개발 및 해체 사례 연구". 『고려대학교 동아시아연구』. No. 11. 2005. pp.128-129.

123) Hufbauer et al. *Economic Sanctions Reconsidered 3rd edition*. Washington, DC: Institute of International Economics. 2007. Case Histories and Data No. 75-3.

124) Bissell, Richard. *South Africa and the United States : The Erosion of an Influence Relationship*. Praeger. 1982. pp.104-115.

년 3월 핵해체를 공식발표하였던 클라크(Frederik Willem de Klerk) 대통령
은 1970년대 핵개발의 원인을 다음과 같이 언급하였다.

　　1970년대 중반 남아프리카 공화국 정부는 남아프리카 지역에 대한
소련의 팽창정책을 우려하였다. 특히 모잠비크와 앙골라가 독립한 후
소련군의 지원을 받는 쿠바군의 주둔은 소수정권이었던 보스터(Balthazar
Johannes Vorster) 내각에게는 큰 위협이었고, 이에 공산세력으로부터 남
아프리카 공화국을 보호하기 위해 핵무기 개발을 지속할 수밖에 없었
다.[125]

　보스터 정권이 외부로부터의 위협을 매우 심각하게 인식하고 있었던
것은 첫째, 불안정한 대외관계 때문이었다.[126] 포르투갈의 지배하에 친
서방 노선을 유지했던 모잠비크와 앙골라가 소련의 지원을 받는 국내
공산세력에 의해 1975년 6월과 11월에 각각 독립하여 친소정권을 수립
하였다. 이어 소련군의 지원을 받는 쿠바군이 모잠비크에 1,000여 명,
앙골라에 5만 여명이 진주하였고, 이들 국가에서 남아프리카 공화국이
지원하는 반군들은 일제히 소탕되었다. 물론 모잠비크와 앙골라는 남아
프리카 공화국과 직접 접경하고 있지는 않았지만 남아프리카 공화국이
오랜 기간 완충지역으로 영향력을 행사해 왔던 나미비아 및 짐바브웨
와 접경하고 있고, 또 이들이 친소공산반군을 지원하고 있다는 점에서

---

125) De Villiers, W, Reger Jardine, and Mitchell Reiss. "Why South Africa Gave Up the
　　Bomb." *Foreign Affairs*. Vol. 72. No. 5. 1993. p.101.
126) 남아프리카 공화국의 대외관계는 아래 사이트의 자료를 참조하여 정리하였다.
　　Byrnes, Rita. ed. *South Africa : A Country Study*. Washington, DC : Library of Congress.
　　1996. http://countrystudies.us/south-africa/ (검색일: 2012. 9. 8).

큰 위협이 아닐 수 없었다. 특히 당시 소련이 앙골라 지역에 화학무기와 핵무기를 배치하였다는 소문은 남아프리카 공화국의 핵무기 개발 결정을 더욱 가속화시켰다고 알려지고 있다. 둘째, 국내 상황도 좋지 않았다. 1966년 수상직을 승계한 보스터는 1971년 들어 '반두홈랜드 헌법안'을 발효시켜 흑인민족 분리정책을 가속화시켰다. 일부 자유화조치가 수반되기는 하였지만 본질적인 것은 아니었으며, 정부의 흑인민족 운동에 대한 탄압은 갈수록 강도가 높아지고 있었는데, 이는 흑인들의 저항이 강해지고 있었다는 반증이었다. 따라서 남아프리카 공화국은 미국의 경제제재를 수용하여 핵을 포기할 경우 대외적인 공격에 노출될 가능성이 높았을 뿐 아니라 대내적인 정치적 안정에도 위협이 가해질 것이기 때문에 대치에 대한 패배로 손실의 가능성이 예상되더라도 경제제재를 수용함으로써 핵개발을 중단하는 것에 대한 확실한 손실을 회피해야만 했다. 그 결과 보스터는 미국의 경제제재에 저항하는 의사결정을 내릴 수밖에 없었던 것이라고 분석된다.

위험추구적인 의사결정은 미국의 경제제재에 대한 캄보디아의 저항을 통해서도 확인된다. 미국은 1970년부터 지속되었던 경제지원을 1975년부터 1979년까지의 기간 동안 중단하는 대 캄보디아 경제제재를 발의하였다.[127] 캄보디아의 민주화가 해당 제재의 요구사항이었다. 미국의 경제지원 중단은 캄보디아 경제에 매우 심각한 타격을 입힐 수 있었음에도 불구하고 캄보디아는 강력한 저항으로 일관하였음을 당시 캄보디아 왕자의 발언을 통해 알 수 있다.

---

127) 미국의 대 캄보디아 지원은 베트남 전쟁에 관여된 주변 지역들의 전후복구과정의 맥락에서 실시되어 왔었다.

우리의 피는 상업화되어있지 않다. 미국은 경제제재를 통해 우리에게 가한 범죄적 행위에 비용을 치르게 될 것이다. 역사는 미국의 이러한 결단을 범죄로 기억할 것이다.128)

이와 같은 위험추구적인 선택의 이유는 당시 캄보디아의 대내외 상황을 살펴보면 알 수 있다. 첫째, 국내적으로 폴 폿(Pol Pot)은 독립이후 심화되어온 파벌 간의 경쟁에서 위태롭게 정권을 잡은 행정부의 수장이었다. 당시 캄보디아에는 폴 폿이 주도하는 크메르 베트민(Khmer Vietminh)과 치아 심(Chea Sim), 행 삼린(Heng Samrin) 등이 주도하는 하노이 크메르(Hanoi Khmer) 외에도 온건파, 비공산 민족주의파 간의 갈등이 매우 심각한 상태였다. 때문에 폴 폿이 이끄는 크메르 베트민 파벌은 정권을 장악하자마자 무자비한 인권탄압 정책을 실행할 수밖에 없었다. 폴 폿은 자신의 권력이 상대 파벌들의 도전을 통해 언제든지 무너질 수 있다는 위기를 인지하고 있었던 것이다. 이 시기 캄보디아 정부는 프놈펜 등의 주요도시와 마을의 공무원, 교사, 불교인, 지식인을 포함하는 대다수의 캄보디아인들을 농업생산에 강제로 징용하였고 화폐통화의 중지, 주요 기관들의 폐쇄, 외부세계와의 교류차단이라는 극단적인 조치를 발의하였는데, 이 과정에서 약 170만 명이 사망한 것으로 알려지고 있다.129) 둘째, 당시 캄보디아의 대외상황도 위기에 놓여 있었다. 캄보디아는 베트남과 오랜 갈등관계에 있었다. 두 국가는 국경선을 둘러싼 분쟁, 베

---

128) Shawcross, William. *Sideshow Kissinger, Nixon and the Destruction of Cambodia.* Simon & Schuster. 1979. p.379 에서 재인용(캄보디아의 Prince Norodom Sihanouk의 발언).
129) 조영희. "크메르루즈 재판을 중심으로 본 캄보디아 과거청산의 정치동학". 『영남국제정치연구』. Vol. 14. No. 1. 2011. p.207.

트남전쟁 이후 캄보디아에 주둔하였던 7만 여명의 베트남병력의 철수에 관한 갈등, 영해와 대륙붕의 중복에 대한 마찰, 그리고 두 국가의 사회주의자들 간의 이데올로기에 기인한 갈등 등을 겪어왔다.[130] 더구나 폴 폿 정부는 강력한 반 베트남 성향의 정부였다. 따라서 1970년대 후반 두 국가 사이의 갈등은 무력충돌로 이어졌다. 1977년 4월 6개의 베트남군 사단병력이 캄보디아로 진격함에 따라 전쟁이 시작되었다. 이 전쟁에서 8,000여명의 전사자가 발생하였으며, 이에 따라 1977년 12월 캄보디아의 폴 폿 정부는 베트남과의 외교관계를 단절하였다.[131] 당시 폴 폿 정부는 베트남과의 관계에서 심각한 대외적 위기를 경험하고 있었는데, 이는 단지 무력충돌에 의한 것 뿐 아니라 베트남의 팽창정책에 대한 두려움 때문이기도 하였다. 베트남은 미국과의 전쟁 이후 라오스와 캄보디아를 통합해 인도차이나반도 연방국가를 구성하려는 계획을 가지고 있었다. 예를 들어 베트남은 1977년 국지전 이후에도 캄보디아 내 공산주의세력을 이용하여 폴 폿 정부를 무너뜨리고 캄보디아와 더불어 인도차이나 공산연방국가를 구성하려는 시도까지 하였었다.[132] 때문에 폴 폿에게 미국의 요구에 따라 국가를 민주화시키는 것은 대내적으로는 자신의 권력을 포기하는 것이며, 대외적으로는 국가 존립과 관련된 공격에 노출되는 것으로 인식되었던 것이다. 따라서 그는 경제제

130) 박성관. "캄보디아의 정치적 파벌과 민주화 과정".『동남아시아연구』. Vol. 13. No. 2. 2003. p.331. 당시 베트남은 소련으로부터 캄보디아는 소련 공산주의의 팽창을 저지하려는 중국으로부터 지원을 받고 있었으므로 중국과 소련의 갈등이 심화되면서 베트남과 캄보디아의 갈등은 더욱 심화되고 있었다.
131) 김윤지. "캄보디아의 베트남화-제3차 인도차이나전쟁에 관한 정치사적 연구".『베트남연구』. No. 3. 2002. pp.218-221.
132) 김윤지. "캄보디아의 베트남화-제3차 인도차이나전쟁에 관한 정치사적 연구".『베트남연구』. No. 3. 2002. pp.216-218.

재를 수용함으로써 예상되는 이러한 확실한 손실을 피하기 위해서 미국의 경제제재에 저항한 것이다. 폴 폿 정권은 가능성이 매우 희박하지만 미국과의 대치에서 승리하게 되면 대내외 안정을 모두 확보할 수 있다는 전망을 하고 있다고 볼 수 있다.

이처럼 전망이론을 통해 경제제재 대상국들의 의사선택을 분석하는 것은 각 국가들이 놓인 상황(situation)을 분석함으로써 그들의 의사결정에 영향을 미치는 요인을 파악할 수 있도록 한다.

전망이론적 논의에 따르면, 경제제재 대상국은 대치에서의 승리를 양(+)으로 전망한다면 위험추구적인 행위자, 음(-)으로 예상한다면 위험회피적인 행위자가 될 것이다. 앞서 서술하였듯이 위험추구적인 대상국은 경제제재에 대한 저항을 선호하며, 위험회피적인 대상국은 경제제재에 대한 수용을 선호한다. 그러나 실제 국제정치에서 경제제재 대한 대상국의 의사결정은 저항 혹은 수용의 이분법적인 형태로 나타나지 않는다. 예를 들어 대치의 승리에 대해 이익을 예상하는 위험추구적인 대상국들 중에서도 제재에 저항하는 정도가 매우 큰 국가가 있을 것이며, 제재에 저항하는 정도가 매우 작은 국가도 있을 것이다. 위에서 다루었던 남아프리카 공화국과 캄보디아의 사례에서도 두 국가 모두 위험추구적인 선택을 선호하였지만 미국의 경제제재에 대한 저항 정도가 동일하였다고 보기는 어렵다. 위험추구적인 혹은 위험회피적인 성향은 구체적인 준거점의 수준, 상대와의 대치 시 예상승률, 대치 시 예상비용 등에 따라 경제제재 대한 저항의 정도를 다르게 발현시키기 때문이다.133) 따라서 본 장에서는 전망이론의 추단이 가지는 규칙성을 연속선

133) Hwang(2005)은 북한의 미국에 대한 강경한 대응이 북한의 위험추구적인 선택 패턴

상의 함수로 변형하여 대상국의 전망에 대한 구체적인 기대효용을 평가할 것인데, 이를 통해 대상국의 의사결정에 영향을 미치는 요인과 해당 요인들이 최종 결정에 영향을 미치는 양태를 가설화한다. 즉, 전망이론의 핵심(axioms)을 기대효용평가에 적용함으로써 연구 모델을 구축할 수 있게 되는 것이다.

먼저 기존의 합리적 선택이론에 따라 합의와 대치의 기대효용을 비교해보자. 우선 대상국이 발의국의 요구를 수용한다면, 대상국은 s((0≤s≤1))를 얻는다.[134] 이때 확률은 1이므로 기대효용은 s가 된다. 반대로 대상국이 발의국의 제재에 저항하여 대치 상태로 접어든다면, 대상국의 기대효용은 p×(1-c)+(1-p)×(0-c)이다. 여기에서 p(0≤p≤1)는 두 국가 간의 대치에서 대상국이 승리할 확률이며, c(0≤c≤1)는 대치에 수반되는 대상국의 지출 예상비용이다. 만약 합의의 기대효용이 대치의 기대효용보다 크다면 대상국은 요구를 수용할 것이며, 이 경우 경제제재는 효과적인 것으로 평가할 것이다. 반면 합의의 기대효용이 대치의 기대효용보다 작다면 대상국은 요구를 수용하지 않을 것이며, 이때 경제제재의 효과는 회의적이라 할 수 있다.

전술하였듯이 현실에서의 대상국의 선택은 완전 합의 혹은 완전 저항이라는 이분법적인 선택이 아니라 일정 수준의 수용 혹은 저항으로

때문이라고 분석하고 있다. 이러한 분석 틀은 1994년 북한의 미국에 대한 비교적 완화된 대응을 설명할 수 없기 때문에 Hwang(2005)은 '극단적인 상황에서의 선호변화(preference reversal)'라는 새로운 개념을 도입하였다. 그러나 이 책은 '선호변화(preference reversal)'라는 개념의 도입 없이 전망이론의 가치함수와 확률가중함수에 대한 구체적인 분석을 실시함으로써 위험추구적인 선택 구조 내에서도 준거점이 낮은 경우에는 상대에 대한 유화적인 대응을 결정할 수 있다는 분석을 도출할 것이다.

134) 해당 게임은 승리자가 모두(1)를 가져가는 게임(winner-take-all game)으로 가정한다.

나타나는 경우가 일반적이다. 즉, 수용과 저항이라는 두 점 중에서 하나를 선택하는 것이 아니라 두 점을 포함하여 수용과 저항을 연결하는 선 상에서 어느 한 지점을 선택하는 것이다. 따라서 이제 대상국의 선택을 '수용의 정도' 혹은 '저항의 정도'로 분석해 보자. 우선 두 선택의 효용이 동일하여 선택의 선호가 무차별한 지점을 경계점 s*라고 하자. 예를 들어 대상국이 요구를 수용한 후 $s'(s'<s^*)$에 놓인다면 대상국은 요구를 수용하지 않을 것이며, 반대로 $s''(s''>s^*)$에 놓인다면 대상국은 요구를 수용할 것이다. 결국 s^*는 대상국이 요구를 수용하기 시작하는 지점이며, 저항하는 마지막 지점이 된다. 따라서 대상국의 선택은 경계점 s^*를 찾는 것이 되며, 대상국이 수용 가능한 s^*가 작을수록 경제제재의 효과는 높다고 분석할 수 있다.

전망이론 역시 경계점 s^*를 통해 경제제재의 효과를 분석한다는 점에 있어서는 합리적 선택이론의 분석틀과 다르지 않다. 그러나 <그림 3-1>과 <그림 3-2>의 가치함수와 확률가중함수에서 보는 것처럼 전망이론은 준거점 $R(0≤R≤1)$을 설정하며, 확률이 높은 경우와 낮은 경우를 구분하여 s*를 파악한다는 점에서 차이가 있다. 예를 들어 합리적 선택이론에서 대치에서 승리하는 경우의 기댓값은 (1-c)로서 항상 양(+)이지만, 전망이론에서의 기댓값은 (1-c) 자체가 아니라 (1-c)의 준거점(R)으로부터의 크기이다. 따라서 전망이론에 의하면 설령 대상국이 승리를 예상한다고 해도 기댓값은 (1-c-R)이므로 동일한 c에 대해서도 준거점의 위치에 따라 양(+)일 수도 음(-)일 수 있기 때문에 합리적 선택이론의 전망과는 다른 결과가 발생할 수도 있는 것이다.

이제 전망이론에 따라 준거점과 확률의 재평가를 반영하여 합의와 대치의 기대효용을 구체적으로 살펴보자. Butler(2007)에 의하면 가치함수(V)와 확률가중함수(W)는 다음과 같은 함수식으로 표현될 수 있다.[135]

$$V(x) = x^\beta \ (x \geq 0)$$
$$= -\lambda\{(-x)^\beta\} \ (x < 0) \qquad --- (1)$$

$$W(p) = e^{\{-(-\ln p)^\alpha\}} \qquad --- (2)$$

여기에서 $\beta(0 \leq \beta \leq 1)$는 민감도 체감성을 표시하며, $\lambda(\lambda > 1)$는 손실회피성을 나타낸다. 또한 $\alpha(0 \leq \alpha \leq 1)$는 낮은 확률의 과대평가와 높은 확률의 과소평가를 반영하기 위한 지수이다.

이제 식 (1)과 식 (2)를 이용하여 합의와 대치의 기대효용(U)을 계산하면 아래와 같다. 기대효용은 가치와 확률의 곱이고, x는 준거점으로부터의 이익 혹은 손실의 크기이며, 합의 시의 확률은 1이므로, 만약 대상국이 양(+)의 영역(x≥0)에 있다면 합의의 기대효용은

$$U(합의) = V(x) \times W(p)$$
$$= (s-R)^\beta \times e^{\{-(-\ln 1)^\alpha\}}$$
$$= (s-R)^\beta \qquad --- (3)$$

식 (3)이 된다. 반대로 음(-)의 영역(x<0)에 있다면

---

135) Butler, K. Christopher. "Prospect Theory and Coercive Bargaining." *Journal of Conflict Resolution*. Vol. 51. No. 2. 2007. pp.232-233.

$$U(\text{합의}) = V(x) \times W(p)$$
$$= -\lambda\{(R\text{-}s)^\wedge\beta\} \times e^\wedge\{-(-\ln1)^\wedge\alpha\}$$
$$= -\lambda\{(R\text{-}s)^\wedge\beta\} \qquad\qquad \text{--- } (3')$$

식 (3′)가 된다. 마찬가지로 대치의 기대효용에 대해 살펴보자. 대치의 기대효용은 경제제재에 대한 저항에서 승리하는 경우와 패배하는 경우의 각 효용의 합이다. 승리 시의 기댓값을 x_1, 패배 시의 기댓값을 x_2라고 하면 대치 시의 기대효용은 식 (4)와 같이 표시된다.

$$U(\text{대치}) = V(x_1) \times W(p) + V(x_2) \times W(1\text{-}p) \qquad \text{--- } (4)$$

그런데 패배 시의 기댓값 x_2는 (0-c-R)이므로 항상 음(-)이지만, 승리 시의 기댓값 x_1은 (1-c-R)이기 때문에 양(+) 혹은 음(-) 모두가 가능하다. 따라서 x_1이 양(+)이라면

$$U(\text{대치}) = V(x_1) \times W(p) + V(x_2) \times W(1\text{-}p)$$
$$= (1\text{-}c\text{-}R)^\wedge\beta \times e^\wedge\{-(-\ln p)^\wedge\alpha\} - \lambda(R\text{+}c)^\wedge\beta \times e^\wedge[-\{-\ln(1\text{-}p)\}^\wedge\alpha]$$
$$\text{---}(5)$$

식 (5)가 되며, 반대로 x_1이 음(-)이라면

$$U(\text{대치}) = V(x_1) \times W(p) + V(x_2) \times W(1\text{-}p)$$
$$= -\lambda(R\text{+}c\text{-}1)^\wedge\beta \times e^\wedge\{-(-\ln p)^\wedge\alpha\} - \lambda(R\text{+}c)^\wedge\beta \times e^\wedge[-\{-\ln(1\text{-}p)\}^\wedge\alpha]$$
$$\text{---}(5')$$

식 (5′)가 된다.

이제 발의국이 경제제재를 통해 요구를 강제하는 경우를 상정해보자. 대상국에게 요구의 수용이란 무엇인가의 포기를 의미하므로 음(-)의 효용을 가져온다. 따라서 경제제재의 수용 즉 합의에 따른 대상국의 기대효용은 식 (3′)로만 계산될 수 있다.

한편 위의 논의처럼 대치의 기대효용은 이론적으로는 승리를 예상하는 경우의 기댓값이 양(+)인가 혹은 음(-)인가에 따라 다르다. 만약 경제제재 대상국이 대치 시 승리를 예상하는 경우의 기댓값이 양(+)의 값을 가진다면, 대상국은 위험추구적인 의사결정을 내릴 것이다. 왜냐하면 대상국은 경제제재 수용으로 인한 음(-)의 기댓값을 회피하고 승리할 경우 발생될 양(+)의 기댓값을 위해 저항을 선택할 것이기 때문이다. 이러한 의사결정에서 대상국의 대치의 기대효용은 식 (5)로 표시되기 때문에 이 경우의 경계점 s_1^*는 식 (3′)와 식 (5)로부터 식 (6)과 같이 표현된다.

$$-\lambda\{(R-s)^\beta\} = (1-c-R)^\beta \times e^{\{-(-\ln p)^\alpha\}} - \lambda(R+c)^\beta \times e^{[-\{-\ln(1-p)\}^\alpha]}$$

$$s_1^* = R - [(-1/\lambda) \times (1-c-R)^\beta \times e^{\{-(-\ln p)^\alpha\}} + (R+c)^\beta \times e^{\{-(-\ln(1-p))^\alpha\}}]^{(1/\beta)} \quad --- (6)$$

식 (6)을 통해 경제제재 대상국의 의사결정 요인과 각 요인 변화에 따른 의사결정의 변화를 파악해보자. 첫째, 식 (6)의 각 계수에 전망이론에서 예측하는 통상적인 값을 대입하면, s_1^*는 R 즉 준거점의 증가함

수임을 알 수 있다.[136]

〈그림 3-4〉 준거점과 경제제재의 효과 (1)

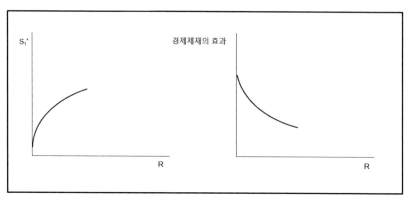

물론 식 (6)을 R에 대하여 미분하는 방법을 통해서도 해당 식이 증가함수임을 알 수 있다. 식 (6)을 미분하면 다음의 식 (8)로 나타낼 수 있다.

$$s_1^{*\prime} = 1-\{[(-1/\lambda)(1-c-R)^\wedge\beta + (R+c)^\wedge\beta)]^\wedge(1/\beta-1)\}$$
$$\times \{(-1/\lambda)[(1-c-R)^\wedge(\beta-1)] + (R+c)^\wedge(\beta-1)\}\times\{[1/(e^\wedge(-(-\ln(p))^\wedge\alpha)]^\wedge(1/\beta)\} \quad -(8)$$

식 (8)에 전망이론이 예측하는 통상적인 값을 대입하면, R에 대한 $s_1^{*\prime}$는 양(+)이 되기 때문에 식 (6)은 증가함수임이 재검증될 수 있다.[137] 식 (8)을 그림으로 나타내면 <그림 3-5>와 같으며, 여기서 $s_1^{*\prime}$는

---

136) 여기에서 α, β, λ 의 통상적인 값으로는 전망이론의 의사결정을 행태적으로 분석한 Butler(2007)의 연구를 참고하여 각각 0.65, 0.88, 2.25를 사용하며 c는 0.3, p는 0.5로 통제한다.

양(+)이기 때문에 s_1^*는 R의 증가함수인 것이다.

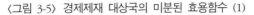

〈그림 3-5〉 경제제재 대상국의 미분된 효용함수 (1)

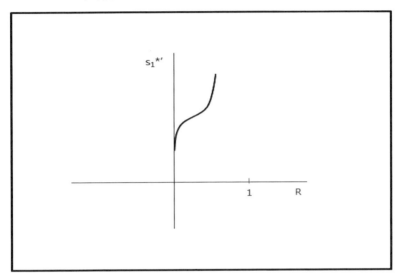

여기서 s_1^*가 R의 증가함수라는 사실은 준거점과 경제제재의 효과가 음의 상관관계가 있음을 의미한다. 즉, 준거점이 높을수록 경계점이 높고, 경계점이 높으면 대상국이 경제제재에 저항할 가능성이 높기 때문에 경제제재의 효과는 작게 나타나는 것이다. 이것은 준거점이 상승하면 대상국은 발의국에 더욱 강하게 저항한다는 것을 의미한다.

경제제재 대상국이 준거점이 상승하면 제재에 더욱 강하게 저항한다는 것은 전망이론이 제시하는 가치함수를 통해서도 설명할 수 있다.

---

137) 여기에서 α, β, λ 의 통상적인 값으로는 전망이론의 의사결정을 행태적으로 분석한 Butler(2007)의 연구를 참고하여 각각 0.65, 0.88, 2.25를 사용하며 c는 0.3, p는 0.5로 통제한다.

<그림 3-6>에서 s^0, w^0, l^0는 각각 준거점이 R^0인 상황에서 경제제재 시 대상국이 합의를 하는 경우, 대치에서 승리하는 경우, 그리고 대치에서 패배하는 경우의 기댓값을 나타낸다고 하자. 한편 본 논의의 목적은 준거점의 변화에 따른 경제제재의 효과를 살펴보기 위한 것이므로 예상승률과 예상비용은 고정되어 있다고 가정한다. 그러면 준거점이 R^0인 상황에서 각 경우의 기댓값의 가치는 각각 $V(s^0\colon R=R^0)$, $V(w^0\colon R=R^0)$, $V(l^0\colon R=R^0)$로 나타난다.138)

〈그림 3-6〉 준거점에 따른 합의와 대치의 기댓값 변화 (1)

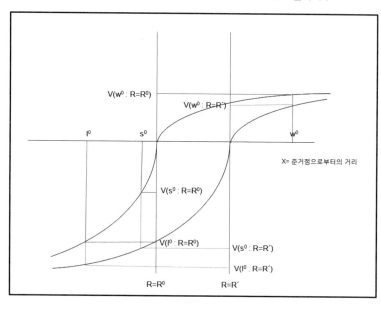

138) 준거점은 합의를 하는 경우(s^0)와 대치에서 승리하는 경우(w^0)의 중간에 놓이게 된다. 경제제재의 요구 수용은 대상국에게는 음(-)의 기댓값을 제공하므로 s^0는 준거점보다 좌측에 있어야 하며, 대치의 승리의 경우(w^0)는 양(+)의 기댓값을 가져다줌으로 준거점보다 우측에 있어야 하기 때문이다.

이제 준거점이 R^0보다 높은 R'인 경우를 살펴보자. 이 경우 높아진 준거점을 기준으로 가치함수가 우측으로 이동(shift)하므로 기댓값의 가치는 각각 $V(s^0: R=R')$, $V(w^0: R=R')$, $V(l^0: R=R')$로 변화하게 되며[139], 이들은 모두 준거점이 R^0인 상황에 비해 감소한 값이다(<그림 3-6> 참조). 여기서 손실회피성과 민감도 체감성에 따라 $V(s^0: R=R^0)$에서 $V(s^0: R=R')$로의 감소 폭이 가장 크게 나타난다. 결국 위험추구적인 대상국은 합의 시 예상되는 음(-)의 기댓값의 감소를 매우 크게 체감하기 때문에 합의에 대한 유인의 감소를 경험하게 된다. 따라서 경제제재의 효과는 감소하는 것이며, 이는 경제제재에 대한 저항이 강해졌음을 의미하는 것이다. 즉, 대상국이 위험추구적인 의사결정자인 경우라면, 준거점이 상승함에 따라 경제제재에 더욱 강하게 저항한다는 것을 알 수 있다.

둘째, 식 (6)의 각 계수에 전망이론에서 예측하는 통상적인 값을 대입하고, R과 c를 편의상 고정되어있다고 가정한다면, s_1^*는 p 즉 대치 시 예상승률의 증가함수임을 알 수 있다.[140] 이는 p와 경제제재의 효과 간에 음의 상관이 있음을 의미하는 것이다. 즉, 대치 시 예상승률이 증가하면 대치의 효용이 커지기 때문에 경제제재의 효과는 감소한다. 여기서 그래프의 모양이 볼록한 것은 전망이론의 가정에 따라 높은 확률값이 과소평가되기 때문이다. 대치 시 승리할 확률 수준이 높아 그 크

---

139) 물론 준거점이 변화하면 합의를 하는 경우, 대치에서 승리하는 경우, 그리고 대치에서 패배하는 경우의 기댓값도 변화한다. 이들 기댓값은 준거점으로부터의 크기이므로 준거점 자체가 이동함에 따라 자동적으로 변화한 것이다. 즉, s^0, w^0, l^0은 제자리에 있지만, 준거점의 변화로 인해 크기가 변화하는 것이다.

140) 여기에서 α, β, λ 의 통상적인 값으로는 전망이론의 의사결정을 행태적으로 분석한 Butler(2007)의 연구를 참고하여 각각 0.65, 0.88, 2.25를 사용하며, R은 0.1, c는 0.3으로 통제한다.

기가 과소평가된다면, 객관적 확률을 고려했을 경우 보다 제재에 저항하는 효용의 크기가 낮게 평가되기 때문에 경제제재의 효과가 과소평가 이전과 비교해 증가하는 것이다.

〈그림 3-7〉 예상승률과 경제제재의 효과 (1)

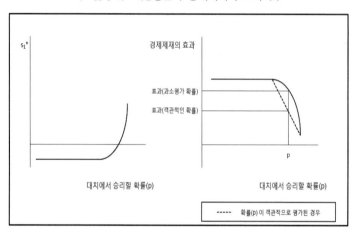

셋째, 식 (6)의 각 계수에 전망이론에서 예측하는 통상적인 값을 대입하고, R과 p를 편의상 고정되어있다고 가정한다면, s_1^*는 c 즉 대치시 예상비용의 감소함수임을 알 수 있다.[141]

___

141) 여기에서 α, β, λ 의 통상적인 값으로는 전망이론의 의사결정을 행태적으로 분석한 Butler(2007)의 연구를 참고하여 각각 0.65, 0.88, 2.25를 사용하며, R은 0.3, p는 0.5로 통제한다.

〈그림 3-8〉 예상비용과 경제제재의 효과 (1)

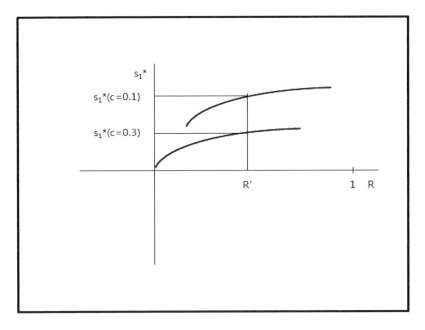

<그림 3-8>에 따르면, 대치 시 예상비용이 증가하면 식 (6)의 그래프는 아래로 움직인다. 이는 c가 증가하면 s_1^*가 낮아지고 따라서 경제제재 효과가 증가한다는 것을 의미한다. 즉, 대치 시 예상비용이 증가할수록 경제제재 대상국의 제재에 대한 저항은 약해진다고 할 수 있다.

이번에는 대치 시 승리를 예상하는 경우의 기댓값이 음(−)인 경우를 상정해보자. 이 경우의 대상국은 위험회피적인 의사결정을 내리게 된다. 왜냐하면 대치 시 승리해도 음(−)의 기댓값이 예상된다면 경제제재에 저항하는 위험한 선택의 유인이 감소할 것이기 때문이다. 해당 의사결정에서 대치의 기대효용은 식 (5′)로 표시되며, 이 경우의 경계점 s_2^*

는 식 (3′)와 식 (5′)로부터 식 (7)과 같이 표현된다.

$$-\lambda\{(R-s)^\beta\} = -\lambda(R+c-1)^\beta \times e^{\{-(-\ln p)^\alpha\}} - \lambda(R+c)^\beta \times e^{[-\{-\ln(1-p)\}^\alpha]}$$

$$s_2{}^* = R - [(R+c-1)^\beta \times e^{\{-(-\ln p)^\alpha\}} + (R+c)^\beta \times e^{\{-(-\ln(1-p))^\alpha\}}]^{(1/\beta)} \qquad --(7)$$

식 (7)을 통해 경제제재 대상국의 의사결정 요인과 각 요인에 따른 의사결정의 변화를 파악해보자. 첫째, 식 (7)의 각 계수에 전망이론에서 예측하는 통상적인 값을 대입하고, p와 c를 편의상 고정되어있다고 가정한다면, $s_2{}^*$는 R 즉 준거점의 감소함수임을 알 수 있다.[142]

〈그림 3-9〉 준거점과 경제제재의 효과 (2)

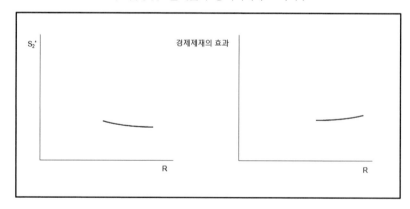

142) 여기에서 α, β, λ 의 통상적인 값으로는 전망이론의 의사결정을 행태적으로 분석한 Butler(2007)의 연구를 참고하여 각각 0.65, 0.88, 2.25를 사용하며, c는 0.3, p는 0.5 로 통제한다.

여기서 s_2^*가 R의 감소함수라는 사실은 준거점과 경제제재의 효과가 양의 상관관계가 있음을 의미한다. 즉, 준거점이 높을수록 경계점이 낮고, 경계점이 낮으면 대상국이 경제제재에 저항할 가능성이 낮기 때문에 경제제재의 효과는 크게 나타나는 것이다. 이것은 대상국의 준거점이 상승하면 발의국에 대한 저항이 약해진다는 것을 의미한다.

여기서 식 (6)과 식 (7)의 그래프는 서로 다른 R 범위에서의 변화를 보여주고 있다 이것은 R에 따라 행위자가 위험추구적인지 혹은 위험회피적인지가 변화하기 때문이다. 즉, R이 매우 높은 수준(1-c-R이 0 이하가 되는 R의 수준)인 경우에 행위자는 위험회피적인 선택 구조를 가지지만, R이 그 외의 범위(1-c-R이 0 이상이 되는 R의 수준)일 때는 위험추구적인 선택 구조를 가지기 때문에 R의 변화는 의사 선택의 구조 변화를 동반하게 되며, 따라서 식 (6)과 식 (7)은 다른 영역에서 R의 변화를 설명하게 되는 것이다.

한편 식 (7)을 R에 대하여 미분한 결과는 아래 식 (9)와 같은데, 해당 값이 음(–)임을 통해서도 통해 식 (7)이 감소함수임을 재검증할 수 있다. 식 (7)을 R에 대해 미분하면 다음과 같다.

$$s_2^{*\prime} = 1-(1/\beta)\times[(R+c-1)^\beta \times (e^{\wedge}(-(-\ln(p))^{\wedge}\alpha) + (R+c)^\beta \times (e^{\wedge}(-(-\ln(1-p))^{\wedge}\alpha)]^{\wedge}[(1/\beta)-1] \times [(R+c-1)^{\wedge}(\beta-1) \times (e^{\wedge}(-(-\ln(p))^{\wedge}\alpha) + (R+c)^{\wedge}(\beta-1) \times (e^{\wedge}(-(-\ln(1-p))^{\wedge}\alpha)]$$

$$---(9)$$

<그림 3-10> 경제제재 대상국의 미분된 효용함수 (2)

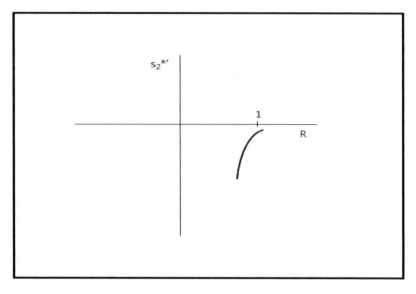

식 (7)과 마찬가지로 식 (9)에 통상적인 파라미터 값을 대입하고 c와 p를 통제하면, <그림 3-10>과 같으며, 여기서 $s_2^{*\prime}$는 음(-)임으로 s_2^{*}는 R의 감소함수임을 알 수 있다.[143]

대상국의 준거점이 상승하면 발의국에 대한 저항이 약해진다는 것은 전망이론이 제시하는 가치함수를 통해서도 설명할 수 있다.

---

143) 여기에서 α, β, λ 의 통상적인 값으로는 전망이론의 의사결정을 행태적으로 분석한 Butler(2007)의 연구를 참고하여 각각 0.65, 0.88, 2.25를 사용하며, c는 0.3, p는 0.5 로 통제한다.

〈그림 3-11〉 준거점에 따른 합의와 대치의 기댓값 변화 (2)

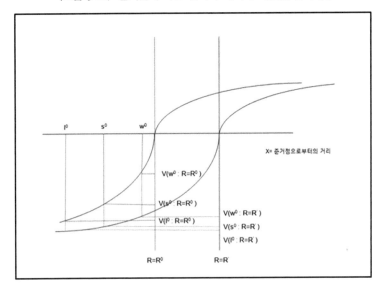

<그림 3-11>에서 s^0, w^0, l^0는 각각 준거점이 R^0인 상황에서 경제제재 시 대상국이 합의를 하는 경우, 대치에서 승리하는 경우, 그리고 대치에서 패배하는 경우의 기댓값을 나타낸다고 하자. 한편 본 논의의 목적은 준거점의 변화에 따른 경제제재의 효과를 살펴보기 위한 것이므로 대치 시 승률 및 대치 시 예상비용은 고정되어 있다고 가정한다. 그러면 준거점이 R^0인 상황에서 각 경우의 기댓값의 가치는 각각 $V(s^0: R=R^0)$, $V(w^0: R=R^0)$, $V(l^0: R=R^0)$로 나타난다.[144]

---

144) 준거점은 대치에서 패배하는 경우(l^0), 합의를 하는 경우(s^0)와 대치에서 승리하는 경우(w^0)들 보다 오른쪽에 놓인다. 경제제재의 요구 수용은 대상국에게는 음(−)의 기댓값을 제공하므로 s^0는 준거점보다 좌측에 있어야 한다. 단, 일반적으로 발의국의 요구사항은 대치에서의 패배(l^0)보다는 기댓값이 높을 것임으로 대치에서의 패배(l^0)가 합의(s^0)의 경우보다 왼쪽에 놓인다. 대치의 승리(w^0)의 경우는 음(−)의 기댓값을

이제 준거점이 R^0 보다 높은 R'인 경우를 살펴보자. 이 경우 높아진 준거점을 기준으로 가치함수가 우측으로 이동하므로 기댓값의 가치 역시 각각 $V(s^0: R=R')$, $V(w^0: R=R')$, $V(l^0: R=R')$로 변화하게 되며[145], 이들은 모두 준거점이 R^0인 상황에 비해 감소한 값이다(<그림 3-11> 참조). 여기서 민감도 체감성에 따라 $V(w^0: R=R^0)$에서 $V(w^0: R=R')$로의 감소 폭이 가장 크게 나타난다. 결국 위험회피적인 대상국에게는 대치 시 승리의 음(-)의 기댓값 감소가 매우 크게 체감하기 때문에 대상국의 저항에 대한 유인의 감소를 경험하게 된다. 따라서 경제제재의 효과는 증가하는 것이며, 이는 경제제재에 대한 저항이 약화되었음을 의미하는 것이다. 즉, 대상국이 위험회피적인 의사결정자인 경우라면 준거점이 상승함에 따라 경제제재에 대한 저항은 약해진다고 할 수 있다.

둘째, 식 (7)의 각 계수에 전망이론에서 예측하는 통상적인 값을 대입하고, R과 c를 편의상 고정되어있다고 가정한다면, s_2^*도 s_1^*와 마찬가지로 p 즉 대치 시 예상승률의 증가함수임을 알 수 있다.[146] 이는 p와 경제제재의 효과 간에 음의 상관이 있음을 의미하는 것이다. 즉, 대치 시 예상승률이 상승하면 대치의 효용이 증가하기 때문에 경제제재의

가져다주기 때문에 준거점보다 좌측에 있어야 하지만, 나머지 두 값보다는 오른쪽에 놓임. 일반적으로 대치에서 승리할 경우의 기댓값이 나머지 두 값보다 높은 기댓값을 가지기 때문이다.

145) 물론 준거점이 변화하면 합의를 하는 경우, 대치에서 승리하는 경우, 그리고 대치에서 패배하는 경우의 기댓값도 변화한다. 이들 기댓값은 준거점으로부터의 크기이므로 준거점 자체가 이동함에 따라 자동적으로 변화한 것이다. 즉, s^0, w^0, l^0은 제자리에 있지만, 준거점의 변화로 인해 크기가 변화하는 것이다.

146) 여기에서 α, β, λ 의 통상적인 값으로는 전망이론의 의사결정을 행태적으로 분석한 Butler(2007)의 연구를 참고하여 각각 0.65, 0.88, 2.25를 사용하며, R은 0.8, c는 0.3으로 통제한다.

효과는 감소한다. 단, 그래프의 모양이 볼록한 것은 경제제재 대상국이 위험추구적인 행위자인 경우와 마찬가지로 높은 확률 값이 과소평가되기 때문이다.

셋째, 식 (7)의 각 계수에 전망이론에서 예측하는 통상적인 값을 대입하고, R과 p를 편의상 고정되어있다고 가정한다면, s_2^*는 c 즉 대치 시 예상비용의 감소함수임을 알 수 있다.[147]

〈그림 3-12〉 예상비용과 경제제재의 효과 (2)

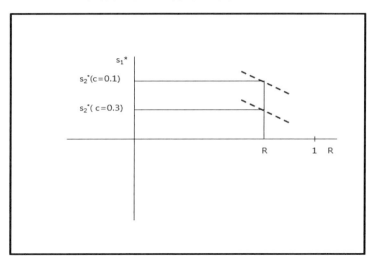

<그림3-12>에 따르면, 대치 시 예상비용이 증가하면 식 (7)의 그래프는 아래로 움직인다. 이는 c가 증가하면 s_1^*가 낮아지고 따라서 경제

---

147) 여기에서 α, β, λ 의 통상적인 값으로는 전망이론의 의사결정을 행태적으로 분석한 Butler(2007)의 연구를 참고하여 각각 0.65, 0.88, 2.25를 사용하며, R은 0.8, p는 0.5 로 통제한다.

제재 효과가 증가한다는 것을 의미한다. 즉, 대치 시 예상비용이 증가할수록 경제제재 대상국의 제재에 대한 저항은 약해진다고 할 수 있다.

전망이론은 불확실성 하에서의 인간의 선택을 분석하기 위한 실험에서 시작되었다. 이후 전망이론은 국가의 위험추구적인 그리고 경우에 따라 위험회피적인 의사결정의 맥락(context)과 상황(situation)을 분석하기 위한 연구틀을 제공해 주었으며, 경제제재 대상국의 의사결정에 있어서도 위험추구적인 그리고 위험회피적인 선택의 요인을 분석할 수 있는 함의를 제공하였다.

그 결과 경제제재 대상국이 위험추구적인 경우와 위험회피적인 경우에 준거점과 예상승률 그리고 예상비용에 따라 서로 다른 의사결정을 내린다는 것이 분석되었다. 특히 준거점의 변화에 대해서 위험추구적인 경우와 위험회피적인 경우 각각은 반대 방향의 의사결정을 예측하고 있었다. 즉, 위험추구적인 대상국은 준거점이 상승하면 경제제재에 대해 더욱 강하게 저항하지만, 위험회피적인 대상국은 준거점이 상승하면 경제제재에 대한 저항을 완화한다는 것이다.

다음 파트에서는 이론적 논의를 넘어 실제 경제제재 사례들을 분석해보고자 한다. 현실적으로 경제제재 대상국들은 대부분 위험추구적인 선택의 구조 하에 있을 것으로 예상된다. 대상국들이 대치에서 승리한다면 양(+)의 기댓값을 예상하는 것이 일반적일 것이기 때문이다.

물론 경제제재 대상국이 대치에서의 승리의 기댓값을 음(-)으로 예상하는 경우가 없는 것은 아니다. 예를 들어 첫째, 예상비용이 매우 크다면 대치 시 승리에 대한 기댓값 즉, 1-c-R이 음(-)이 될 가능성이 높아지기 때문에 경제제재 대상국은 위험회피적인 의사선택을 하게 될 수도 있다.

〈그림 3-13〉 예상비용 변화에 따른 그래프의 이동

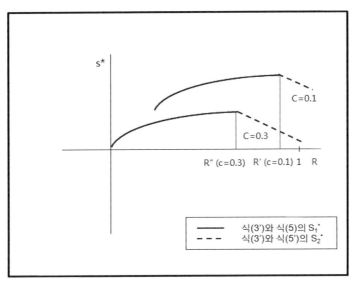

<그림 3-13>을 통해 이러한 현상을 살펴보자. 만약 대치 시 예상비용이 증가한다면 식 (6)과 식 (7)의 그래프는 전체적으로 왼쪽으로 이동한다. 그래프의 이동에 따라 식 (3′)와 식 (5′)로 설명되는 준거점의 범위가 증가하게 되는데, 여기서 식 (5′)는 1-c-R을 음(-)으로 전망하는 위험회피적인 대상국의 기댓값 연산식이다. 즉, 대치 시 예상비용이 증가하면 위험회피적인 선택을 할 것으로 예상되는 R 범위가 증가(($R′ \leq R \leq 1$) →($R″ \leq R \leq 1$))하게 되는 것이다. 극단적인 예를 들어 보자면 대치 시 예상비용이 1이라면,[148] 해당 국가들은 모든 준거점에 대해 위험회피적인 행위자가 되는 것이다. 이 경우 경제제재 대상국이 위험추구적인 의사

선택을 한다는 가정을 채택한다면 모델의 설명력이 매우 낮아질 수 있음을 의미한다. 그러나 통계적 검토에서 자세히 논의하고 있듯이, 실증적으로 예상비용을 매우 크게 인지하는 대상국들은 드물기 때문에 대상국이 위험추구적인 행위자일 것이라는 전제는 무리가 없어 보인다.

둘째, 예상비용이 매우 크지 않더라도 R이 매우 높은 경우 대치 시 승리에 대한 기댓값 즉 1-c-R이 음(-)이 되어 경제제재 대상국은 위험회피적인 행위자의 선택패턴을 가질 수 있다. 그러나 다음 절의 논의를 통해서도 알 수 있듯이 대상국의 R이 매우 높은 경우 또한 극히 소수만 발견되기 때문에 경제제재 대상국을 위험추구적인 행위자로 가정함에 있어 치명적인 문제를 야기지 않을 것이라 판단할 수 있다.

따라서 이 책이 경제제재 대상국을 위험추구적인 행위자로 가정하는 것은 비교적 타당하며, 모델은 <그림 3-14>와 같이 구축할 수 있으며, 이를 근거로 실험가설을 도출한다.

<그림 3-14>에 따르면, 경제제재 대상국이 발의국으로부터 경제제재를 받게 되면 준거점, 과대 혹은 과소평가된 대치 시 예상승률 그리고 대치 시 예상비용에 따라 경제제재 저항의 정도를 결정하게 된다. 전망이론적 함의에 따르면, 준거점은 대치 시 예상비용의 변화에 영향을 주어 최종 선택에 유의미한 영향을 미치는 것이며, 대치 시 예상승률은 그 수준에 따라 최종 선택에 영향을 미치는 요인이 된다.

---

148) 앞의 논의에 따라 대치 시 예상비용의 최소값은 0, 최대값은 1이기 때문에 1은 매우 높은 대치 시 예상비용을 의미한다.

〈그림 3-14〉 경제제재 대상국의 의사결정 요인 분석의 모델

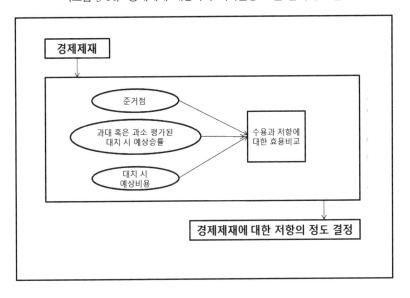

한편 본 논문은 경제제재 대상국의 의사결정 요인에 대하여 다음과 같은 실험가설을 세울 수 있다.

실험 가설 1: 다른 조건이 동일한 경우, 경제제재 대상국의 준거점이 상승하면 경제제재의 효과는 감소할 것이다. 즉, 경제제재 대상국은 준거점이 상승하면 경제제재에 대하여 더욱 강하게 저항할 것이다.

실험 가설 2: 다른 조건이 동일한 경우, 과대 혹은 과소평가된 대치 시 예상승률이 상승하면 경제제재의 효과는 감소할 것이다. 즉, 경제제재 대상국은 대치 시 승률을 높게 예상할수록 경제제재에 대하여 더욱

강하게 저항할 것이다. 단, 승률이 낮은 경우는 과대평가된 크기로 반영되며, 승률이 높은 경우는 과소평가된 크기로 반영된다.

실험 가설 3: 다른 조건이 동일한 경우, 경제제재 대상국의 대치 시 예상비용이 감소하면 경제제재의 효과도 감소할 것이다. 즉, 경제제재 대상국은 대치 시 비용이 감소하면 경제제재에 대하여 더욱 강하게 저항할 것이다.

3. 권력을 향한 도전 : 통계적 검토

1) 사례선정

Hufbauer et al.(2007)은 20세기에 발의된 경제제재 사례를 204개로 정리하였다. 이 책은 해당 사례들을 다음과 같은 기준으로 재정리하여 분석한다.

첫째, 국가 간의 경제제재만을 사례로 선정한다. Hufbauer et al.(2007)은 1925년 국제연맹(League of Nations)이 불가리아 국경에 침입한 그리스를 상대로 경제제재를 발의한 사례 등과 같이 국제기구가 주도적으로 발의한 경제제재를 분석대상에 포함하고 있다. 뿐만 아니라 그들은 1967년 나이지리아가 남동부 지역의 비아프라에 가한 경제제재와 같이 한 국가가 국가 내 지역에게 가한 경제제재의 사례도 다루고 있다. 그러나 이 책은 상대 국가의 경제제재 발의에 대한 특정 국가의 대응 행태를 분석하는데 목적을 두고 있기 때문에 국제기구가 발의하였거나 특정 지역을 대상으로 발의된 경제제재의 경우는 연구대상에서 제외한 다.

둘째, 본 논문은 경제제재 대상국이 복수인 경우, 대상국을 기준으로 사례를 분리하여 분석한다. 예를 들어 1948년 구소련은 베를린회담에서의 협상력 우위를 점하기 위해 미국, 영국, 프랑스에 대해 경제제재를 발의하였다. 해당 경제제재에 대하여 대상국들은 각기 다른 반응을 보였는데 이는 대상국들이 가지고 있는 조건이 각각 달랐기 때문이었다. 이 경우 경제제재 사례는 구소련과 미국, 구소련과 영국, 구소련과 프랑스 등 3개의 사례로 구분하여 연구에 도입한다. 따라서 이 책의 분석대상으로 선정된 경제제재의 사례는 총 146개이다.

2) 변수측정

A. 종속변수 : 경제제재 대상국의 의사결정

가. 변수의 구성

이 책은 경제제재 대상국의 의사결정을 종속변수로 삼고 있다. 경제제재 대상국의 의사결정이란 경제제재를 수용하는가 혹은 경제제재에 저항하는가에 대한 결정을 의미하는데, 여기서 경제제재를 수용한다면 경제제재의 효과는 높게, 경제제재에 저항한다면 경제제재의 효과는 낮게 나타난다. 즉, 경제제재 대상국의 의사결정은 경제제재의 효과로 관찰되는 것이다.

1990년을 전후 하여 경제제재의 효과 측정에 대해 일정 수준의 합의가 이루어졌다. 이는 경제제재 대상국의 변화를 경제제재의 효과 분석에 반영해야 한다는 것과 동시에 경제제재의 효과를 '있다' 혹은 '없다'의 '유무'가 아닌 '정도'로 측정해야 한다는 것에 대한 합의였다.149) 따라서 1990년대 이후 경제제재 논문들은 경제제재 효과를 경제제재 목적의 달성 정도에 따라 평가하였다. 목적이 완전히 달성된 경우에 경제제재의 효과는 매우 큰 것으로, 목적이 달성되지 못한 경우에 경제제재의 효과는 매우 작은 것으로 평가하는 것이 일반화되기 시작한 것이다. 이러한 평가기준에 따라 Hufbauer et al.(1985, 1990, 2007)은 20세기 발의된 경제제재를 대상으로 그 효과를 지수화 하였으며, 최근까지 많은 연구자들이 그들의 지수를 차용하고 있다. 그들은 기존 연구들의 한계를 보완하기 위해 경제제재의 목적 달성 정도와 더불어 경제제재의 기여 정도를 측정하여 혼합한 경제제재 성공 지수를 개발하기도 하였다. 이 책에서는 일반적으로 적용되고 있는 Hufbauer et al.(2007)의 경제제재 성공 지수를 사용하여 경제제재의 효과, 즉 경제제재 대상국의 의사결정 결과를 측정한다.

나. 변수의 측정

Hufbauer et al.(2007)의 경제제재 성공 지수(success score)는 '정책변화 정도(policy result) × 경제제재 기여 정도(sanctions contribution)'로 도출된다. 여기서 정책변화 정도는 경제제재에 대한 Hufbauer et al.(2007)의 맥

149) Morgan, T. Clifton and Valerie L Schwebach. "International Interactions : Empirical and Theoretical Research." *International Relations*. Vol. 21. No. 3. 1995; Hufbauer et al. *Economic Sanctions Reconsidered 2nd edition*. Wachington, DC : Peterson Institute of International Economics. 1990.

락적인 판단에 근거하여 정책변화의 실패, 긍정적인 효과, 부분적인 변화 유도, 성공적인 변화 유도 등 4가지 척도로 나뉘며, 경제제재 기여 정도 또한 Hufbauer et al.(2007)의 상황 판단에 근거하여 부정적 기여, 거의 기여 안함, 중요한 영향, 결정적인 영향 등 4가지 척도로 측정된다. 따라서 Hufbauer et al.(2007)의 경제제재 성공 지수는 1(대상국의 완전 저항)에서 16(대상국의 완전수용)의 값을 가지게 된다.

정책변화 정도

1 = 실패(failed outcome)

2 = 긍정적인 효과 추정(unclear but possibly positive outcome)

3 = 부분적인 변화 유도(goals were partly realized)

4 = 성공적인 정책 변화 유도(goals were largely or entirely realized)

경제제재 기여 정도

1 = 부정적 영향(negative contribution)

2 = 거의 영향 없음(little or no contribution)

3 = 중요한 영향(substantial contribution)

4 = 결정적인 영향(decisive contribution)

Hufbauer et al.(2007)에 따르면, 정책변화 정도가 1로 판단되는 사례군에는 1998년 미국의 경제제재에도 불구하고 핵실험을 감행한 인도와 같은 경우가 포함된다.[150] 반면, 정책변화 정도가 4로 평가되는 사례군에는 1991년 아이티의 군사정권 교체와 같이 명확한 정책변화가 관찰

---

150) Hufbauer et al. *Economic Sanctions Reconsidered 3rd edition*. Washington, DC : Peterson Institute of International Economics. 2007. Case Histories and Data No. 98-1.

되는 경우들이 속해 있다.151)

여기서 아이티의 경우는 경제제재의 기여 정도가 1로 평가된다.152) 왜냐하면 결과적으로 아이티의 군사정권은 타도되었지만 그 과정에서 미국의 경제제재는 집권 군부에게 경제적 이득권을 제공하였을 뿐 아니라 일반 국민들에게는 매우 심각한 경제적 타격을 입혔기 때문이다.153) 특히 아이티의 군사정권은 축적된 부를 바탕으로 민주화에 대한 합의이행을 반복적으로 지연시켰다. 군사정권은 최종적으로 무력충돌의 과정에서 무너지게 되었기 때문에 경제제재의 기여 정도에는 1이 부여된 것이다. 반면 1993년 과테말라의 쿠테타 제압에 대한 경제제재 기여 정도는 4로 평가된다.154) 과테말라는 독재정권의 쿠테타에 대한 미국의 경제제재에 대해 즉각적으로 쿠테타 관련자들을 처벌하고 정치개혁에 동참하였기 때문이다.155) 더욱이 경제제재 이후 과테말라의 쿠데타는 아이티와 달리 군사개입 없이 마무리되었기 때문에 경제제재는 과테말라의 정권교체에 결정적인 기여를 한 것으로 분석할 수 있다.

위와 같은 측정방법은 경제제재와 동일한 시점에 대상국의 정책 변화가 관찰되더라도 경제제재의 기여 정도가 낮다면 경제제재의 효과는

151) Hufbauer et al. *Economic Sanctions Reconsidered 3rd edition*. Washington, DC : Peterson Institute of International Economics. 2007. Case Histories and Data No. 91-5.
152) Hufbauer et al. *Economic Sanctions Reconsidered 3rd edition*. Washington, DC : Peterson Institute of International Economics. 2007. Case Histories and Data No. 91-5.
153) Rose, Gideon. *Haiti in Economic Sanctions and American Diplomacy*. New York : New York Council on Foreign Relations. 1998. p.58.
154) Hufbauer et al. *Economic Sanctions Reconsidered 3rd edition*. Washington, DC : Peterson Institute of International Economics. 2007. Case Histories and Data No. 93-2.
155) Jonas, Susanne. "Dangerous Liaisons : The US in Guatemala." *Foreign Policy*. No. 103. 1996. p.158.

작게 측정되도록 구성된 것이다. 즉, 경제제재 성공 지수는 대상국가의 정책변화에 대한 단순한 결과가 아니라, 경제제재의 기여 정도까지 포함된 복합적인 평가인 것이다. 예를 들어 위에서도 논의되었지만 1991년 미국의 아이티 경제제재의 경우 정책변화 정도에서는 만점을 받았다. 그러나 경제제재의 기여 정도가 매우 낮았기 때문에 종합적인 경제제재 성공지수는 4(4 × 1 = 4, 16 만점)에 불과했다.156) 1963년 미국의 인도네시아에 대한 경제제재도 마찬가지이다. 인도네시아는 말레이시아 연방 구성의 반대를 표명하고 이에 대한 저항 입장을 강하게 드러냈지만 결과적으로 말라야연방은 말레이시아 연방을 구성하였기 때문에 정책적 결과의 측면에서 미국의 제재 목적은 완전히 달성되었다고 평가된다. 그러나 말레이시아 연방에 협조할 것을 요구하는 미국의 제안을 받아들인 것은 경제제재의 영향이기 보다는 미국에 적대적으로 나갈 수 없는 국내 정치적 불안함 때문이었다고 분석할 수 있다.157) 따라서 경제제재의 기여 정도는 거의 영향 없음으로 측정되며, 그 결과 최종 경제제재 성공 지수는 8(4 × 2 = 8, 16 만점)이 된 것이다.158) 반면, 1976년 미국의 대 타이완 경제제재는 인도네시아와 마찬가지로 정책적 결과의 측면에서 목적을 완전히 달성했다고 평가 받고 있다. 타이완이 미국의 요구대로 핵개발을 포기했기 때문이다. 인도네시아의 경우와 달리 타이완의 정책 변화에 대한 경제제재의 기여 정도는 매우 높았다고 판

---

156) Hufbauer et al. *Economic Sanctions Reconsidered 3rd edition*. Washington, DC : Peterson Institute of International Economics. 2007. Case Histories and Data No. 91-5.

157) Mackie, J.A.C. *The Indonesia-Malaysia Dispute 1963-1966*. London : Oxford University Press. 1974. p.201.

158) Hufbauer et al. *Economic Sanctions Reconsidered 3rd edition*. Washington, DC : Peterson Institute of International Economics. 2007. Case Histories and Data No. 63-3.

단되기 때문에 경제제재 성공 지수는 16(4 × 4 = 16, 16 만점)으로 측정되었다.[159] 즉, 정책변화 정도에서는 모두 동일한 점수(4)를 가지지만 경제제재의 기여 정도가 반영되면 최종 경제제재 성공 지수는 다르게 나타나는 것이다(아이티 4, 인도네시아 8, 대만 16). 이러한 측면에서 Hufbauer et al.(2007)의 경제제재 성공의 지수는 정책변화 정도만을 경제제재의 효과로 측정했던 이전의 지수 보다 발전된 형태라고 할 수 있다.

그러나 본 지수는 경제제재에 동반된 요구사항의 종류가 고려되지 못했다는 측면에서 한계를 가진다. 예를 들어 1956년 미국은 이집트에 대해 경제제재를 발의하였다. 그 목적은 수에즈 운하에 대한 자유로운 통행 허용에 있었다.[160] 같은 해 미국은 라오스를 대상으로도 경제제재를 발의하였다. 라오스에 대한 경제제재는 당시 공산주의적 성향을 가진 정권의 교체를 요구하고 있었다. Hufbauer et al.(2007)은 두 경우에 대하여 동일한 경제제재 성공 점수(3 × 3 = 9)를 부여하였다.[161] 그러나 이집트에 대한 요구사항은 라오스의 것에 비해 강도가 낮은 것이었다고 할 수 있다. 수에즈 운하에 대한 이권은 이집트에게 중요한 사안이긴 하지만, 직접적으로 정책결정자의 이익과 연계되어 있는 정도가 라오스의 정권교체만큼 높지 않았을 것이기 때문이다. 그러므로 동일한 경제제재 성공의 지수를 가지는 사례들이라도 해당 경제제재 효과에는 발의국의 목적 즉, 요구사항의 강도에 따라 가중치가 부여된 후 측정되

---

159) Hufbauer et al. *Economic Sanctions Reconsidered 3rd edition*. Washington, DC : Peterson Institute of International Economics. 2007. Case Histories and Data No. 76-2.

160) Nutting, Anthony. *No End of a Lesson : The Story of Suez*. Constable. 1967. p.52.

161) Hufbauer et al. *Economic Sanctions Reconsidered 3rd edition*. Washington, DC : Peterson Institute of International Economics. 2007. Case Histories and Data No. 56-2; No. 56-4.

어야 한다.

경제제재 성공 지수를 측정한 Hufbauer et al.(2007) 역시 경제제재는 제재의 요구사항에 따라 효과의 차이가 발생한다는 것을 부정하지 않았다.162)

〈표 3-3〉 경제제재 요구사항과 성공률

(단위 : 사례 수, 성공률(%))

	성공(개)	실패(개)	합계(개)	성공률(%)
제한적 정책 변경	22	21	43	51
정권 교체 및 민주주의 달성	25	55	80	31
소규모 군사적 모험 제거	4	15	19	21
군사적 잠재력 손상	9	20	29	31
주요 정책 변경	10	23	33	30
합계	70	134	204	34

주 : 경제제재 성공의 지수가 9 이상인 경우 성공, 8 이하인 경우 실패라고 분석함.
자료 : Hufbauer et al. *Economic Sanctions Reconsidered 3rd edition*. Washington, DC : Peterson Institute of International Economics. 2007. p.159.

<표 3-3>에서 볼 수 있듯이, 제한적 정책 변경(modest policy changes : 인권정책, 종교정책 등)에 대한 경제제재 성공률은 51%이다. 그러나 대상국의 정권 교체 및 민주주의 달성(regime change and democratization), 소규모 군사적 모험 제거(disruption of military adventures : 지역 내 군사 충돌 가능성에

---

162) Hufbauer et al. *Economic Sanctions Reconsidered 3rd edition*. Washington, DC : Peterson Institute of International Economics. 2007. p.159.

대한 차단 등), 군사적 잠재력 손상(impairment of military potential : 비핵확산 등), 영토양보 등의 주요 정책 변경(major changes) 등에 대한 경제제재의 성공률은 20-30%에 불과하다.

따라서 이 책에서 경제제재 효과는 '경제제재 성공 지수 × 경제제재 요구사항'으로 측정한다. 여기서 경제제재 요구사항은 제한적 정책변경의 경우에는 1로, 나머지 경우에는 2로 측정한다. 이로써 이 책에서 다루고 있는 경제제재 효과 지수는 제한적 정책 변경의 요구사항이 다른 요구사항과 비교하여 강도가 약한 요구사항임을 가정하고 있는 지수가 되는 것이다.

경제제재 효과 지수로 제재 대상국의 제재 대응 방식을 측정하는 것이 적절한가를 알아보기 위해 기존 논문들에서 주로 사용되어온 Hufbauer et al.(2007)의 경제제재 성공 지수와 경제제재 효과 지수 간의 상관분석을 실시한 결과는 <표 3-4>와 같다.

〈표 3-4〉 경제제재 효과와 경제제재 성공 간의 상관분석

		경제제재 성공	경제제재 효과
경제제재 성공	Pearson 상관계수	1	0.886***
	유의확률(p)		0.000
	N	146	146
경제제재 효과	Pearson 상관계수	0.886***	1
	유의확률(p)	0.000	
	N	146	146

주 : *** 99% 신뢰수준에서 유의미함.

<표 3-4>에 따르면, 경제제재의 요구사항을 고려해 측정된 경제제재 효과와 Hufbauer et al.(2007)의 경제제재 성공 간에는 99% 신뢰구간에서 유의미한 양의 상관관계가 관찰된다. 이러한 결과는 경제제재 효과 지수를 도입하고자 하는 본 분석이 Hufbauer et al.(2007)의 경제제재 성공을 지수로 도입하였던 기존 논문들의 흐름에 크게 위배되는 것은 아니라는 것을 보여준다. 더욱이 Hufbauer et al.(2007)의 경제제재 성공 지수는 경제제재의 효과를 너무 관대하게 평가하고 있다는 지적을 받아왔는데, 경제제재 효과 지수를 도입함으로써 그 문제를 일정 수준 완화시킬 수 있을 것으로 판단된다.

〈표 3-5〉 경제제재 성공의 빈도 분포표

		빈도	퍼센트	유효퍼센트	누적퍼센트
유효	1.00	10	6.8	6.8	6.8
	2.00	18	12.3	12.3	19.2
	4.00	24	16.4	16.4	35.6
	6.00	25	17.1	17.1	52.7
	8.00	13	8.9	8.9	61.6
	9.00	16	11.0	11.0	72.6
	12.00	30	20.5	20.5	93.2
	16.00	10	6.8	6.8	100.0
	합계	146	100.0	100.0	

<표 3-5>의 분포표에 의하면 Hufbauer et al.(2007)의 경제제재 성공의 지수를 분석에 도입할 경우 146개의 사례 중 38.34%의 경제제재가

성공(9 이상)한 것으로 분석할 수 있다. 그러나 경제제재 효과 지수를 도입한다면 <표 3-6>에서 보듯이 26.0%의 경제제재만이 성공(18 이상)한 것으로 나타나기 때문에 경제제재 효과 지수를 사용한다면 경제제재의 효과를 과도하게 긍정적으로 평가했다는 지적에서 벗어날 수 있게 되는 것이다.

<표 3-6> 경제제재 효과의 빈도 분포표

		빈도	퍼센트	유효퍼센트	누적퍼센트
유효	1.00	1	0.7	0.7	0.7
	2.00	15	10.3	10.3	11.0
	4.00	17	11.6	11.6	22.6
	6.00	4	2.7	2.7	25.3
	8.00	20	13.7	13.7	39.0
	9.00	8	5.5	5.5	44.5
	12.00	27	18.5	18.5	63.0
	16.00	16	11.0	11.0	74.0
	18.00	8	5.5	5.5	79.5
	24.00	24	16.4	16.4	95.9
	32.00	6	4.1	4.1	100.0
	합계	146	100.0	100.0	

따라서 이 책에서 경제제재 대상국의 의사결정 즉 경제제재 효과를 아래와 같이 측정하는 것은 타당한 것으로 판단된다.

경제제재 대상국의 의사결정(경제제재 효과)
= 정책변화 정도 × 경제제재 기여 정도 × 경제제재 요구사항

B. 독립변수 ① : 경제제재 대상국의 준거점

가. 변수의 구성

전망이론을 도입한 국제정치경제 연구들은 국가의 정책결정에 영향을 주는 준거점으로 국내 정치·경제적 상황과 대외관계의 특징을 분석한다. 예를 들어 McDermott(1994)은 국내 정치적 안정도를 카터 대통령의 의사결정의 준거점으로 다루고 있다.[163] 그의 논문에 따르면, 카터 대통령은 자신이 인지했던 국내 정치적 불안의 정도를 근거로 선택지들 간의 기대 효용을 판단하였다. 카터는 현 상황을 그대로 유지할 경우 국내 정치적 혼란이 가중될 것이라는 큰 손실을 전망하였다. 반면, 위험을 동반하지만 무력을 사용해서라도 이란의 미국인 인질을 구출해 낼 경우에는 국내 정치적 불안정이 완화될 수 있을 것이라 판단하였다. 또한 Hwang(2005)은 북한의 경제상황, 군사능력, 대외관계의 특징을 북한 지도부의 준거점으로 분석하고 있다. 그는 북한의 경제적 불안정성 및 군사력 약화와 대외관계 악화가 북한의 대미 강경 정책의 결정에 중요한 영향을 미쳤다고 주장한다.[164]

더욱이 경제제재의 효과를 분석한 여러 논문들도 국내외 정치·경제

---

163) McDermott, Rose. "Prospect Theory in International Relations : The Iranian Hostage Rescue Mission." in Barbara Farnham ed. *Avoiding Losses/Taking Risks Prospect Theory and International Conflict*. Ann Arbor : University of Michigan Press. 1994. pp.75-78.

164) Hwang, Jihwan. "Weaker States, Risk-Taking, and Foreign Policy : Rethinking North Korea's Nuclear Policy, 1989-2005." University of Colorado Ph.D Dissertation. 2005. p.97.

적인 요인들을 경제제재의 효과를 결정짓는 독립변수라고 분석한다. 첫째, Hufbauer et al.(2007)에 따르면 정치·경제 안정도는 경제제재 효과에 중요한 영향을 미친다.[165] 성공한 경제제재의 경우에 대상국들의 정치·경제 안정도 지수의 평균은 1.9이며, 실패한 경제제재의 경우에 해당 값은 2.1인데, 이는 성공한 제재의 대상국이 실패한 제재의 대상국보다 정치·경제적으로 불안정했었음을 의미하는 것이다. 특히 '주요 정책 변경(major policy changes)'의 요구를 동반한 경제제재에 대하여 제재가 실패한 경우와 성공한 경우의 정치·경제 안정도 지수는 각각 1.9와 2.4이며, 두 지수의 차이는 다른 요구사항의 경우보다 크게 나타난다.

〈표 3-7〉 경제제재 효과와 대상국의 정치·경제 안정도

	성공사례	실패사례
제한적 정책 변경	2.0	2.4
정권 교체 및 민주주의 달성	1.5	1.7
소규모 군사적 모험 제거	2.3	2.1
군사적 잠재력 손상	2.2	2.4
주요 정책 변경	1.9	2.4
합계	1.9	2.1

주 : 정치·경제 안정도 지수는 1(불안정) – 3(안정)으로 측정됨.
자료 : Hufbauer et al. *Economic Sanctions Reconsidered 3rd edition*. Washington, DC : Peterson Institute of International Economics. 2007. p.167.

---

165) Hufbauer et al. *Economic Sanctions Reconsidered 3rd edition*. Washington, DC : Peterson Institute of International Economics. 2007. pp.166-168.

둘째, Nincic · Wallensteen(1983)도 국내 정치 · 경제적 상황이 경제제재의 효과에 중요한 영향을 미칠 수 있다고 주장한다. 그들의 연구 결과를 살펴보면, 정치 · 경제적으로 불안정한 대상국의 경우에 외부의 경제적인 공격에 대하여 경제적 저항력이 약할 뿐 아니라 정치적인 응집력이 약하여 쉽게 분열되고, 이에 정책결정자는 경제제재에 저항하기 어려워진다.166) 셋째, 대상국가의 대외관계의 특징이 경제제재의 효과에 영향을 미친다는 분석도 어렵지 않게 발견된다. Gilpin(1977)은 대상국의 대외관계 특히 대외경제관계를 중심으로 경제제재를 분석한다. 그는 무역 상대국으로서 발의국 이외의 국가들 중 대상국과 친밀한 국가가 있다면 발의국의 경제적 레버리지는 감소하며, 따라서 경제제재 효과는 작아질 수밖에 없다고 주장한다.167) 1958년 쿠바의 수출과 관련하여 미국은 제1 상대국으로서 전체 수출액의 60% 이상을 담당하고 있었다. 하지만 1960년 미국의 대 쿠바 경제제재가 발의된 이후 1961년부터 미국의 수출액은 5% 미만으로 줄었으며, 소련으로의 수출은 50% 이상으로 증가하기 시작하였다.168) 그의 분석을 바탕으로 한다면 이러한 경우 미국의 경제제재 효과는 작을 수밖에 없다. 대상국에 대한 국제사회의 지지가 경제지원의 방식으로 이루어진다면 이것이 경제제재의 효과에 미치는 영향은 더욱 클 수 있다. 1960-70년대 베트남에 대

---

166) Nincic, Miroslav and Peter Wallensteen. *Dilemmas of Economic Coercion : Sanctions in World Politics*. Praeger. 1983. pp.107-112.

167) Gilpin, Robert. "Economic Independence and National Security in Historical Perspectives." in Knorr Klaus and Frank Trager eds. *Economic Issues and National Security*. KANSAS : University Press of KANSAS. 1977. pp.19-66.

168) Butcher, Ariba. *The Economic Impact of U.S. Sanctions with Respect to Cuba*. Washington, DC : United States International Trade Commission. 2001. pp.3-5.

한 미국의 경제제재와 소련의 대 베트남 지원이 그 예이다. 이 경우 소련의 대 베트남 지원은 베트남의 제재 저항에 기여할 뿐 아니라, 미국의 제재 지속의 비용을 증가시키기 때문에 경제제재의 효과를 크게 감소시킬 수 있다.[169]

따라서 이 책에서 경제제재 대상국의 준거점 지수는 해당 국가의 정치·경제안정도와 국제사회의 대상국에 대한 경제적 지원유무를 바탕으로 구성한다.

나. 변수의 측정

이 책에서 경제제재 대상국의 준거점은 경제제재의 효과 지수의 경우와 마찬가지로 구성요소들 간의 곱으로 측정한다. 즉, 준거점은 '정치·경제 안정도 × 경제제재 대상국에 대한 국제사회의 지원 유무'로 측정하며, 1에서 6의 값을 지닌다.

여기서 정치·경제 안정도는 Hufbauer et al.(2007)의 분석에 따라 매우 불안정, 불안정, 안정의 3가지 척도로 나뉘며, 대상국에 대한 국제사회의 지원 유무 역시 Hufbauer et al.(2007)의 자료를 토대로 지원이 있는 경우와 없는 경우의 2가지 척도로 구분한다. 국제사회의 지원은 대상국의 대외관계의 특징을 측정하기 위한 지수로서 발의국의 경제제재 효과를 상쇄하는 성격의 지원만을 의미한다.

---

169) Hufbauer et al. *Economic Sanctions Reconsidered 3rd edition*. Washington, DC : Peterson Institute of International Economics. 2007. p.175.

정치 · 경제 안정도
1 = 매우 불안정(distress)
2 = 약간 불안정(significant problems)
3 = 안정(strong and stable)

대상국에 대한 국제사회의 지원 유무
1 = 국제사회의 지원 무
2 = 국제사회의 지원 유

대내적으로 정치 · 경제 안정도가 높으면서 국제사회의 지원을 받고 있는 경제제재 대상국의 경우라면 해당 국가의 준거점은 6이 된다. 예를 들어 1914년 영국의 경제제재 대상국이었던 독일의 준거점은 6으로 측정될 수 있다. 당시 독일은 왕권을 바탕으로 오랜 절대 권력이 유지되고 있었고, 평균 경제성장률은 3.6%, 물가상승률은 2.9%로 경제적으로도 안정적이었다.[170] 뿐만 아니라 영국의 경제제재에도 불구하고 독일은 루마니아와 오스트리아-헝가리 등으로부터 충분한 양의 석유를 공급받고 있었다.[171] 반면, 국내 정치 · 경제가 매우 불안정하며 제재에 대해 국제사회로부터 어떠한 지원도 받지 못하고 있는 경제제재 대상국의 경우라면 해당 국가의 준거점은 1이다. 예를 들어 1977년 미국의 경제제재 대상국이었던 엘살바도르의 경우 준거점이 1로 측정된다. 엘살바도르는 제재 이전 쿠데타를 통한 정권교체가 1회 있었으며, 경제제

---

170) Hufbauer et al. *Economic Sanctions Reconsidered 3rd edition*. Washington, DC : Peterson Institute of International Economics. 2007. p.64; p.121.

171) Guichard, Louis. *The Naval Blockade: 1914-1918*. New York : D. Appleton & Company 1930. p.275. 실제 준거점이 이처럼 높은 경우는 거의 없다.

재가 발의된 후에도 평균 2년에 한번 꼴로 정권교체가 이루어질 정도로 정치상태가 매우 불안한 국가였다. 경제성장은 낮은 수준의 플러스 성장을 보이기는 했으나 물가상승률이 20%에 육박한 것으로 분석되었다.172) 더구나 엘살바도르의 인권문제에 대해서는 개선이 요구된다는 국제적인 합의가 있었기 때문에 경제제재에 반대하여 엘살바도르를 지원하는 국가는 없었다. 서독은 미국의 경제제재 이후 자국의 대 엘살바도르의 지원 규모를 축소하기도 하였다.

준거점이 각 요인들의 변화를 적절히 반영하는지를 알아보기 위해 준거점과 그 구성 요인들 간의 상관분석을 실시하였다.

〈표 3-8〉 준거점과 구성 요인들 간의 상관분석

		준거점	정치·경제 안정도	국제사회의 지원 유무
준거점	Pearson 상관계수	1	0.716***	0.212**
	유의확률(p)		0.000	0.010
	N	146	146	146
정치·경제 안정도	Pearson 상관계수	0.716***	1	0.107
	유의확률(p)	0.000		0.198
	N	146	146	146
국제사회의 지원 유무	Pearson 상관계수	0.212**	0.107	1
	유의확률(p)	0.010	0.198	
	N	146	146	146

주 : *** 99% 신뢰수준에서 유의미함. ** 95% 신뢰수준에서 유의미함.

172) Hufbauer et al. *Economic Sanctions Reconsidered 3rd edition*. Washington, DC : Peterson Institute of International Economics. 2007. p.23; p.78; p.116.

<표 3-8>에 따르면, 측정된 준거점은 해당 지수를 구성하고 있는 정치·경제 안정도와 국제사회의 지원 유무 각각에 대하여 유의미한 상관성을 보이고 있다. 다시 말해, 정치·경제 안정성이 상승하면 준거점이 높아지며, 국제사회의 지원이 있는 경우 지원이 없는 경우와 비교하여 준거점이 상승함을 보여주고 있는 것이다. 따라서 준거점은 정치·경제 안정도와 국제사회의 지원 유무를 적절히 반영한 지수라고 할 수 있다. 뿐만 아니라, 구성 성분인 정치·경제 안정도와 국제사회의 지원 유무 간에는 유의미한 상관성이 발견되지 않고 있기 때문에 각 지수들은 최종 준거점에 독립적인 영향을 미치고 있다고 할 수 있다. 따라서 경제제재 대상국들의 준거점을 대상국의 정치·경제 안정도 그리고 국제사회의 지원 유무의 조합으로 아래와 같이 측정하는 것은 타당한 것으로 판단된다.

준거점 = 정치·경제 안정도 × 국제사회의 지원 유무

C. 독립변수 ② : 경제제재 대상국의 예상승률

가. 변수의 구성

경제제재 대상국이 '자국의 저항에 대해 발의국의 경제제재가 철회될 것'으로 예상한다면 대상국은 발의국과의 대치를 전망할 필요가 없어진다. 그러나 앞에서 논의하였듯이 이 책의 경제제재는 대상국이 "자국의 저항에 대하여 발의국이 경제제재를 지속할 것이다"라고 예상하는 믿을만한(credible) 경제제재이다. 여기서 대치 시 대상국이 발의국을 이길 확률을 일정수준 이상으로 전망한다면 경제제재에 저항할 가능성이 높아진다. 반면, 대상국이 발의국과의 대치에 대해 승리할 확률을 매우 낮게 예상한다면, 대상국이 경제제재에 저항하는 것은 매우 어려울 것이다. 따라서 대상국이 인지하고 있는 자국의 대치에서의 승률은 경제제재 대상국의 최종 결정에 영향을 미치는 주요한 독립변수 중 하나라 할 수 있다. 그런데 2012년 현재까지 경제제재 하에서의 대치 시 대상국의 예상승률에 대하여 논의한 연구는 존재하지 않는다. 그러므로 이 책에서는 국가 간 대치의 최종 형태가 무력충돌임을 감안하여 무력충돌의 승패를 논의했던 선행연구를 먼저 살펴본다.

전쟁의 승패를 연구한 논문들로는 Russet(1993), Maoz · Russet(1992), Maoz · Russet(1993), Lake(1992), 그리고 Reiter · Stam(1998) 등이 있다. 이들은 민주주의와 전쟁의 발생 및 결과 간의 상관관계가 있음을 주장하고 있다. 예를 들어 Russet(1993)과 Maoz · Russet(1992, 1993)은 민주주의 국가들 사이에 전쟁이 일어날 확률은 민주주의가 아닌 국가들 사이에 전쟁이 일어날 확률보다 낮다고 분석한다.[173] 또한 Lake(1992)와 Reiter · Stam(1998) 등은 민주주의 국가인 전쟁 발의국이 민주주의가 아닌 전쟁 발의국보다 전쟁의 승리할 확률이 높다고 분석한다.[174] 위 연구결과를

---

173) Russet, Bruce. *Grasping the Democratic Peace*. Princeton : Princeton University Press. 1993; Maoz, Zeev and Bruce Russett. "Normative and Structural Causes of Democratic Peace, 1946-1986." *American Political Science Review*. Vol. 87. No. 3. 1993; Maoz, Zeev and Bruce Russett. "Alliances, Contiguity, Wealth, and Political Stability : Is the Lack of Conflict Among Democracies a Political Artifact?" *International Interactions*. Vol. 17. No. 4. 1992.

174) Lake, David. "Powerful Pacifists : Democratic States and War." *American Political Science Review*. Vol. 86. No. 1. 1992; Reiter, Dan and Allan C. Stam. *Democracies at War*. Princeton : Princeton University Press. 2008; Reiter, Dan and Allan C. Stam. "Democracy, War Initiation, and Victory." *The American Political Science Review*. Vol. 92. No. 2. 1998.

기반으로 한다면 경제제재 대상국은 '대치 시 예상승률'을 제재 발의국과 자국의 정치체제 특징에 따라 추정한다고 가정할 수 있다.

한편 Bueno de Mesquita(2009)에 따르면, 무력충돌의 결과에 대한 불확실성은 전쟁 발생의 가능성을 결정짓는 중요한 요인이다.[175] 전쟁에서 이길 가능성이 얼마나 되는가에 따라 전쟁에 가담하고, 가담하지 않고를 결정하기 때문이다. 실제 Bueno de Mesquita·Lalman(1994)은 국가 간 전쟁에서의 승패의 확률을 측정하기 위해 COW의 국력지수(composite index of national capability)를 사용하고 있다.[176] COW의 국력지수는 군사적 차원(군사수, 국방비), 인구적 차원(전체 인구 수, 도시 인구 수), 산업적 차원(쇠(iron)와 강철(steel) 생산량, 에너지 소비량)의 수치를 이용해 다음과 같이 도출한다.

국력지수 = [(군사 수/세계 군사 수) + (국방 지출액/세계 국방비) + (인구/세계 인구) + (도시 인구/ 세계 도시 인구) + (쇠(iron)와 강철(steel) 생산량/ 세계 생산량) + (에너지 소비량/ 세계 에너지 소비량)] / 6

* 군사 수는 천명, 국방비는 천 달러를 기준으로 함.
* 인구, 도시 인구(인구 10만 명 이상의 도시)는 천명을 기준으로 함.
* 쇠(iron)와 강철(steel) 생산량의 단위는 천 톤임.
* 에너지 소비량은 석탄 천 톤 단위로 측정함.

그는 국력지수에 이동거리와 이동속도를 감안하여 전쟁에서의 승률

---

175) Bueno De Mesquita, Bruce. *Principles of International Politics 4ᵗʰ edition*. A Division of SAGE Washington, DC : CQ Press. 2009. p.158.
176) Bueno de Mesquita, Bruce and David Lalman. *War and Reason*. New Haven and London : Yale University Press. 1994. pp.279-299.

(p)을 측정하고 있는데, 그 구체적인 방법은 아래와 같다.

$$p = 자신의 국력지수 ^ \log[국가간거리/일일이동속도+(10-e)]$$
$$/\{상대국가의 국력지수 ^ \log[국가간거리/일일이동속도+(10-e)]$$
$$+자신의 국력지수 ^ \log[국가간거리/일일이동속도+(10-e)]\}$$

* 일일이동 속도는 1900-1918년에는 250마일, 1919-1945년에는 375마일, 1945년 이후에는 500마일로 함.

위와 같은 Bueno de Mesquita · Lalman(1994)의 논의를 따른다면 경제제재 대상국은 대치 시 예상승률을 제재 발의국과 자국의 국력 크기를 통해 예측한다고 가정할 수 있다.

이 책은 경제제재와 관련된 국가들 간의 갈등만을 연구 대상으로 삼고 있다. 그런데 현실적으로 경제제재 발의국은 민주주의 국가이고, 대상국은 독재국가인 경우가 대부분을 차지한다. 즉, 국가들의 정치체제 특성은 국가 간의 일반적인 갈등을 논의하기 위해서는 매우 중요한 변인일 수 있지만, 경제제재 대상국과 발의국 간의 갈등을 논의하는 경우에는 해당 요인이 충분한 변량을 가지고 있지 못할 것으로 판단된다. 그러므로 이 책은 Bueno de Mesquita · Lalman(1994)을 바탕으로 하여 경제제재 대상국은 자국과 상대국가의 국력을 바탕으로 대치 시 예상 승률을 추정한다고 가정한다.

위와 같은 가정의 타당성을 검증하기 위하여 실제 COW의 자료를 통해 20세기에 발생하였던 국가 간 무력충돌(militarized interstate dispute) 사례들 중 승패가 명확히 결정되었던 1,412개 사례들을 대상으로 발의

국과 대상국의 국력지수와 무력충돌의 승패 간의 로지스틱 회귀분석을
실시하였다. 해당 로지스틱 회귀방정식은 아래와 같으며, 분석결과는
<표 3-9>와 <표 3-10>으로 요약된다.

$\ln(p/(1-p)) = a + b_1 x_1 + b_2 x_2 + e$
(p= 대상국의 승률, a= 상수, x_1= 발의국의 국력지수, x_2= 대상국의 국력
지수)

〈표 3-9〉 무력충돌 결과의 로지스틱 회귀분석 분류표

감시됨		예측		
		무력충돌 결과		분류정확 (%)
		1.00	2.00	
무력충돌 결과	1.00	151	508	22.9
	2.00	145	608	80.7
전체퍼센트				53.8

주1 : 1.00 = 발의국의 승리, 2.00 = 대상국의 승리를 의미함.
주2 : 절단값은 0.500임.

〈표 3-10〉 무력충돌 결과의 로지스틱 회귀분석 결과표

		B	S.E.	Wals	자유도	유의확률	Exp(B)
1 단계	발의국 국력지수	-2.131***	0.800	7.106	1	0.008	0.119
	대상국 국력지수	1.713**	0.813	4.440	1	0.035	0.180
	상수항	0.314***	0.075	17.437	1	0.000	1.368

주 : *** 99% 신뢰수준에서 유의미함. ** 95% 신뢰수준에서 유의미함.

<표 3-9>에 따르면, 본 로지스틱 회귀방정식의 무력충돌 결과에 대한 예측력이 약 53.8%인 것으로 나타난다. 특히 위 모델의 대상국이 승리할 경우에 대한 예측력은 80.7%로 높다. <표 3-10>에 의하면, 본 회귀모델에서 발의국의 국력지수와 대상국의 국력지수는 각각 99%, 95% 수준으로 무력충돌의 승패를 예측하는데 유의미한 변수임을 알 수 있다. 그러므로 발의국과 대상국 간의 국력수준을 바탕으로 무력충돌의 승률을 예측하는 것은 비교적 타당한 것으로 판단된다.

위의 로지스틱 회귀분석의 결과를 바탕으로 이 책에서는 "경제제재 대상국이 자국과 발의국의 국력의 크기에 따라 대치 시 승률을 전망한다"고 가정한다.

나. 변수의 측정

이 책은 무력충돌 승률에 대한 로지스틱 회귀분석 방정식에 따라 경제제재 대상국이 추정하는 대치 시 예상승률을 다음과 같이 측정한다.

$$p = e^{\wedge}[(-2.131 \times \text{발의국 국력지수}) + (1.713 \times \text{대상국 국력지수}) + 0.314]$$
$$/\{1 + e^{\wedge}[(-2.131 \times \text{발의국 국력지수}) + (1.713 \times \text{대상국 국력지수}) + 0.314]\}$$

* 관련 국가들의 국력지수는 경제제재 발의 이전 년도의 값임.

이러한 측정방법에 따르면, 동일한 시기, 동일한 국가가 발의한 경제제재라 할지라도 대상국들은 자국의 국력 수준에 따라 각기 다른 대치 시 예상승률을 가지게 된다. 예를 들어 1939년 미국은 일본과 독일에 경제제재를 발의하였는데, 위 방법에 의하면 일본은 대치 시 예상승률을 0.5425로 독일은 0.4469로 추정된다. 두 확률의 차이는 일본과 독일의 국력지수 차이 때문인데, 당시 일본의 국력지수는 0.0591, 독일의 국력지수는 0.0017이었다.

D. 독립변수 ③ : 경제제재 대상국의 예상비용

가. 변수의 구성

Hufbauer et al.(2007)은 경제제재에 대한 대상국의 비용을 측정하기 위해 제재 이전의 상품공급구조 및 금융구조를 조사하고, 이에 대한 손실을 수치화하고 있다.[177] 그러나 이러한 방식의 비용분석은 이 책에서 측정하고자 하는 대치 시 예상비용과 동일한 개념이라고 규정하기 어렵다. 왜냐하면 이 책에서 대치 시 예상비용이란 경제제재에 대한 직접적인 손실보다 경제제재에 저항하였을 때 발생될 것이라고 추정되는 제재 대상국의 경제적 그리고 외교적 손실을 의미하기 때문이다. 여기서 대상국은 대치에 대한 경제적 손실을 발의국과의 무역 연관성을 통해 측정할 것으로 가정된다. 대상국과 발의국 간의 무역 연관성은 경제제재가 발의된 직후 발생하는 대상국의 경제적 손실 뿐 아니라 경제제재가 지속될 경우 예상되는 손실에도 영향을 미칠 것이기 때문이다.

한편 무역 연관성이 낮다고 해서 대상국의 대치 시 예상비용을 무조건 낮은 수준으로 판단할 수는 없다. 대치 상황은 대상국에게 외교적인

---

177) Hufbauer et al. *Economic Sanctions Reconsidered 3rd edition*. Washington, DC : Peterson Institute of International Economics. 2007. p.101.

비용도 발생시키기 때문이다. 대치의 최종 형태를 무력충돌로 예상할 수 있다는 점에 주목하여 이 책은 대치 시 예상비용이 군사적 위협의 동반 여부에 따라 증가 혹은 감소 될 수 있을 것이라 가정한다.

따라서 이 책에서 대상국의 대치 시 예상비용은 대상국과 발의국 간의 무역 연관성과 경제제재에 동반된 군사위협의 유무로 측정한다.

나. 변수의 측정

이 책에서 경제제재 대상국의 대치 시 예상비용은 경제제재의 효과 지수의 경우와 마찬가지로 구성요소들 간의 곱으로 측정한다. 즉, 대치 시 예상비용은 '무역연관성 × 군사위협 동반 유무'로 측정하며, 1에서 8의 값을 지닌다.

무역 연관성은 낮음, 보통, 높음, 매우 높음의 4개의 구간으로 나누며, 군사위협은 Hufbauer et al.(2007)의 자료를 토대로 해당 경제제재에 발의국의 군사적 위협이 동반되지 않은 경우와 군사위협이 동반된 경우로 구분한다.

무역 연관성
1 = 낮음(1% 이하)
2 = 보통(1% 이상 25% 이하)
3 = 높음(25% 이상 62% 이하)
4 = 매우 높음(62% 이상)

군사위협 동반 유무
1 = 군사위협 동반 무

2 = 군사위협 동반 유

여기서 경제제재 대상국의 발의국과의 무역 연관성은 대상국의 총
수출 중 발의국으로의 수출(%)과 총 수입 중 발의국으로부터의 수입
(%)의 평균값을 통해 측정한 것이다. 이 책의 분석 대상인 146개 사례
들에 대하여 무역 연관성을 측정해보면 <표 3-11>과 같은 기술통계량
과 <그림 3-15>과 같은 빈도 분포표를 얻을 수 있다.

〈표 3-11〉 무역 연관성의 기술통계량

	N	최소값	최대값	평균	표준편차
무역 연관성	146	.0010	100.0000	25.558781	22.6690381

〈그림 3-15〉 무역 연관성의 빈도 분포 그래프

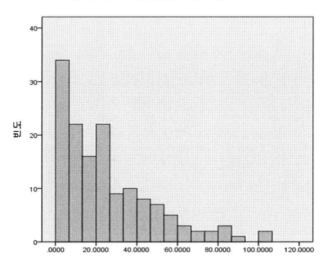

경제제재 대상국의 발의국과의 무역 연관성의 평균은 약 25%이며, 무역 연관성이 1% 이하인 경우의 사례가 전체 사례의 7.5%인 것으로 나타났다. 반대로 발의국과의 무역 연관성이 높은 상위 7.5%의 사례들은 해당 무역 연관성이 62% 이상인 것으로 분석되었다. 이를 기준으로 경제제재 대상국과 발의국 간의 무역 연관성이 1% 이하라면 무역 연관성이 낮음, 1% 이상 25% 이하라면 보통, 25%이상 62% 이하라면 높음, 그리고 62% 이상이라면 매우 높음으로 나타낼 수 있다. 따라서 무역 연관성은 낮음, 보통, 높음, 매우 높음의 4개의 구간으로 나누되, 괄호안과 같은 측정 기준을 가지게 된다.

위의 측정 결과에 따르면, 발의국과의 무역 연관성이 매우 높으며 발의국의 군사위협이 없는 경우 대상국의 대치 시 예상비용은 4가 된다. 반면, 발의국과의 무역 연관성이 매우 높을 뿐 아니라 발의국의 군사위협이 동반된다면 대상국의 대치 시 예상비용은 8이 된다. 예를 들어 1990년 미국의 대 케냐 경제제재는 군사위협이 동반되지 않았으나, 같은 해 자이르에 대한 경제제재의 경우 군사위협이 동반되었기 때문에 두 아프리카 국가와 미국 간의 무역 연관성은 유사하지만 대치 시 예상비용은 각각 4와 8로 다르게 측정된다.

측정된 대치 시 예상비용이 해당 지수를 구성하는 요인들의 변화를 적절히 반영하는가를 알아보기 위해 해당 지수와 지수의 내부 요인 간의 상관분석을 실시하였다. 그 결과를 살펴보면, 대치 시 예상비용은 국가 간 무역 연관성과 군사위협 동반 유무 각각과 유의미한 상관관계를 가지고 있다. 예를 들어 발의국과 대상국 간의 무역 연관성이 증가하면 대상국의 대치 시 예상비용이 높아지며, 발의국의 군사위협이 경제제재에 동반된 경우, 군사위협이 동반되지 않은 경우와 비교하여 대치 시 예상비용이 크게 나타난다. 이는 내부 지수가 최종 지수 즉 대치 시 예상비용을 측정하는 요소로 적절하다는 것을 의미한다. 뿐만 아니라 무역 연관성과 군사위협의 동반 유무 간에는 유의미한 상관성이 발견되지 않고 있어 각각의 변인이 최종 지수에 독립적인 효과를 부여하고 있음을 알 수 있다.

〈표 3-12〉 예상비용과 구성 요인들 간의 상관분석

		대치 시 예상비용	무역 연관성	군사위협 동반 유무
대치 시 예상비용	Pearson 상관계수	1	0.529***	0.693***
	유의확률(p)		0.000	0.000
	N	146	146	146
무역 연관성	Pearson 상관계수	0.529***	1	-0.086
	유의확률(p)	0.000		0.303
	N	146	146	146
군사위협 동반 유무	Pearson 상관계수	0.693***	-0.086	1
	유의확률(p)	0.000	0.303	
	N	146	146	146

주: *** 99% 신뢰수준에서 유의미함.

따라서 경제제재 대상국들의 대치 시 예상비용은 발의국과의 무역 연관성 그리고 경제제재에 동반된 군사위협의 유무의 조합으로 아래와 같이 측정하는 것은 비교적 타당하다고 판단된다.

대치 시 예상비용 = 발의국과의 무역 연관성 × 군사위협의 동반 유무

<표 3-13> 변수 요약표

146개 사례 (1900-2000)			
변수	지수	도출	자료
종속 변수	대상국의 의사결정 (경제제재 효과)	정책변화 정도 × 경제제재 기여 정도 × 경제제재 요구사항	HSE
독립 변수	준거점	정치·경제 안정도 × 국제사회 지원 유무	HSE
	대치 시 예상승률	$p = e^\wedge[(-2.131 \times$ 발의국 국력지수) + (1.713 ×대상 국 국력지수) + 0.314] /[1+ $e^\wedge[(-2.131 \times$ 발의국 국력지수) + (1.713 ×대 상국 국력지수) + 0.314]]	EUGene (COW)
	대치 시 예상비용	무역 연관성 × 군사위협 동반 유무	HSE

3) 검토결과

A. 모델 내 변수 분석

146개 사례들에 대한 측정 변수들의 기술통계분석 결과를 살펴보자.
첫째, 경제제재 효과는 최소값은 1.00(완전저항)이며, 최대값은 32.00(완전

수용)으로 나타났다. 평균값은 12.65로 경제제재 대상국은 평균적으로 발의국의 요구를 수용하는 방향보다는 저항하는 방향으로 경제제재에 대응하는 경향이 있음을 알 수 있다.

〈표 3-14〉 경제제재 효과의 기술통계량

	N	최소값	최대값	평균	표준편차
경제제재 효과	146	1.00	32.00	12.6507	8.12963

이러한 경향은 경제제재의 효과에 대한 결과의 분포표를 통해 더욱 명확히 드러난다. 예를 들어 경제제재의 효과가 8 이하인 범위에 전체 사례의 약 40%가, 16 이하인 범위에 약 74%가 포함되어 있다. 즉, 경제제재에 대해 25% 이하의 수준으로 요구를 수용하는 경우가 전체의 40%에 달하며, 50% 이하의 수준으로만 요구를 수용하는 경우는 70%에 이르는 것으로 분석된다.

〈표 3-15〉 경제제재 효과의 빈도 분포표

		빈도	퍼센트	유효퍼센트	누적퍼센트
유효	1.00	1	.7	.7	.7
	2.00	15	10.3	10.3	11.0
	4.00	17	11.6	11.6	22.6
	6.00	4	2.7	2.7	25.3
	8.00	20	13.7	13.7	39.0

9.00	8	5.5	5.5	44.5
12.00	27	18.5	18.5	63.0
16.00	16	11.0	11.0	74.0
18.00	8	5.5	5.5	79.5
24.00	24	16.4	16.4	95.9
32.00	6	4.1	4.1	100.0
합계	146	100.0	100.0	

둘째, 경제제재 대상국의 정치·경제 안정도 및 대상국에 대한 국제 사회의 지원 유무로 측정된 준거점은 최소값 1, 최대값 6을 가진다. 여기서 1은 정치·경제적으로 매우 불안정하며, 경제제재에 대해 외부로부터 지원을 받지 못하고 있는 경우의 측정치이며, 6은 정치·경제적으로 매우 안정적이며, 다른 국가로부터 경제제재에 대한 지원을 받고 있는 대상국의 준거수준을 의미한다. 평균값은 2.3493이며, <표 3-17>의 빈도분석에 따르면, 준거점은 6을 제외한 나머지에 사례들이 골고루 포함되어있음을 알 수 있다.

〈표 3-16〉 준거점의 기술통계량

	N	최소값	최대값	평균	표준편차
최종 준거점	146	1	6	2.3493	1.09917

<표 3-17> 준거점의 빈도 분포표

		빈도	퍼센트	유효 퍼센트	누적 퍼센트
유효	1	32	21.9	21.9	21.9
	2	58	39.7	39.7	61.6
	3	37	25.3	25.3	87.0
	4	15	10.3	10.3	97.3
	6	4	2.7	2.7	100.0
	합계	146	100.0	100.0	

즉, 경제제재 대상국들 중에 정치·경제적으로 안정적이면서 제재에 대한 타 국가의 지원을 받고 있는 사례는 빈번히 관찰되는 경우가 아니라는 것을 알 수 있다. 대부분의 경우 경제제재 대상국은 정치·경제적으로 불안하거나 국제사회의 지원을 받지 못하고 있거나 혹은 두 조건 모두를 가지고 있다고 할 수 있다.

셋째, 결측 사례 3개를 제외한 143개 사례에서 대상국은 최소 0.3991, 최대 0.6255의 수준으로 대치 시 예상승률을 평가하는데, 평균적으로는 0.5118 수준으로 대치 시 예상승률을 전망하고 있다.

<표 3-18> 예상승률의 기술통계량

	N	최소값	최대값	평균	표준편차
대치예상승률	143	0.3991	0.6255	0.5118	.0412938

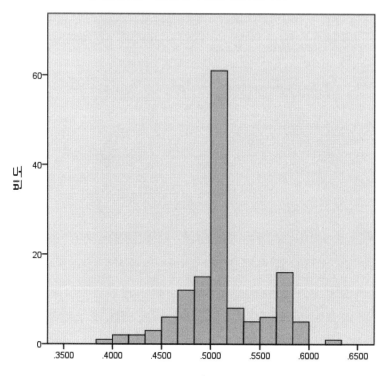

마지막으로 경제제재 대상국은 제재 저항에 따르는 대치 시 예상비용을 최소 1, 최대 8로 예상하고 있다. 여기서 최소값 1은 상대 국가와 무역 연관성도 낮으면서 군사적 위협을 받고 있지 않는 대상국이 전망하는 대치 시 예상비용의 값이며, 최대값 8은 발의국가와의 무역 연관성이 높으면서 군사적 위협까지 함께 받고 있는 경우 대상국이 전망하는 대치 시 예상비용의 값이다.

〈표 3-19〉 예상비용의 기술통계량

	N	최소값	최대값	평균	표준편차
대치 시 예상비용	146	1	8	3.5068	1.63685

분석 결과에 따르면, 대상국의 대치 시 예상비용의 평균은 3.5068이다. 빈도분석을 통해 알 수 있듯이 무역 연관성이 매우 높으며 군사위협까지 동반된 경제제재의 경우, 즉 경제제재 저항의 비용을 매우 크게 인식하는 대상국은 전체의 5.5%에 불과하다.

〈표 3-20〉 예상비용의 빈도 분포표

		빈도	퍼센트	유효 퍼센트	누적 퍼센트
유효	1	4	2.7	2.7	2.7
	2	45	30.8	30.8	33.6
	3	28	19.2	19.2	52.7
	4	48	32.9	32.9	85.6
	6	13	8.9	8.9	94.5
	8	8	5.5	5.5	100.0
	합계	146	100.0	100.0	

경제제재 대상국의 의사결정을 분석하기 위해 도입된 변수들의 기술통계 결과를 요약하면 다음과 같이 정리된다. 첫째, 경제제재 대상국이 제재에 대해 완전한 양보를 보이는 경우는 드물며, 양보의 정도가 50%

미만인 사례가 70% 이상인 것으로 분석되었다. 이는 많은 대상국들이 결과적으로 경제제재에 저항하는 위험추구적인 선택을 선호함을 보여주는 것이다. 둘째, 매우 높은 수준의 준거점을 가지는 경제제재 대상국은 3%에도 미치지 못했다. 즉, 경제제재 대상국들 중 정치·경제적으로 안정적이면서 타 국가로부터 지원을 받고 있는 경우는 드물다는 것을 의미한다. 셋째, 매우 높은 수준의 예상비용을 전망하는 대상국은 5% 남짓이었다. 즉, 대부분의 대상국들은 대치 시 예상비용을 높지 않은 수준으로 전망하고 있었다.

위의 분석결과에 따르면, 경제제재 대상국 대부분이 위험추구적인 선택의 조건, 즉 높지 않은 수준의 준거점과 대치 시 예상비용을 가지고 있음을 알 수 있다. 따라서 경제제재 대상국을 위험추구적인 행위자일 것으로 가정한 것은 비교적 타당한 것으로 판단된다.

B. 모델 검증

총 146개 사례를 대상으로 SPSS 19.0을 이용한 회귀분석을 실시하였다. 첫 번째 회귀분석 모델은 경제제재 효과라는 종속변수와 준거점, 과대 혹은 과소평가된 대치 시 예상승률, 대치 시 예상비용이라는 3개의 독립변수를 포함한 모델이며, 회귀방정식은 아래와 같다.

$$y = a + b_1x_1 + b_2x_2 + b_3x_3 + e$$
(y= 경제제재 효과, a= 상수, x_1= 최종 준거점, x_2= 과대 혹은
과소평가된 대치 시 예상승률, x_3= 대치 시 예상비용)

<표 3-21>에 따르면, 준거점과 대치 시 예상비용이 경제제재의 효과를 결정하는데 유의미한 영향을 미친다. 준거점이 높을수록 경제제재의 효과는 낮아지는데 이는 대상국의 제재에 대한 양보 크기의 감소를 의미한다. 대치 시 예상비용이 클수록 경제제재의 효과는 높아지는데 이는 대상국의 제재에 대한 양보 크기의 증가를 의미한다. 두 변수 각각은 95%, 90% 이상의 수준에서 경제제재 효과에 유의미한 영향을 미친다. 따라서 실험가설 1과 3이 반증될 가능성은 매우 낮다고 할 수 있다.

〈표 3-21〉 회귀분석 결과 (1)

모형		비표준화계수		표준화계수	t	유의확률 (p)
		B	표준오차	베타		
1	(상수)	24.727**	12.101		2.043	0.043
	최종 준거점	-1.503**	0.611	-0.201	-2.461	0.015
	대치 시 예상승률 (과대/과소)	-24.212	25.018	-0.083	-0.968	0.335
	대치 시 예상비용	0.759*	0.426	0.152	1.780	0.077

주1 : 종속변수는 경제제재의 효과임.
주2 : ** 95% 수준에서 유의미함, * 90% 수준에서 유의미함.

그러나 과대 혹은 과소평가된 대치 시 예상승률은 경제제재의 효과 변화에 유의미한 영향을 미치지 않는 것으로 분석되었다. 이에 가설 2에 대한 대안 가설을 다음과 같이 세웠다.

가설 2-1 : 대치 시 예상승률은 전망이론에 의한 과대 혹은 과소평가가 아닌, 객관적인 확률로 경제제재의 효과에 영향을 미칠 것이다.

따라서 두 번째 모델의 회귀방정식은 아래와 같다.

$y = a + b_1x_1 + b_2x_2 + b_3x_3 + e$
(y= 경제제재 효과, a= 상수, x_1= 최종 준거점, x_2= 대치 시
예상승률, x_3= 대치 시 예상비용)

위 회귀방정식은 과대 혹은 과소평가된 대치에서의 예상승률 대신 객관적으로 측정된 대치 시 예상승률을 변수로 도입하고 있다. 분석결과 첫 번째 모델과 마찬가지로 준거점과 대치 시 예상비용만이 경제제재 효과에 영향을 미치는 것으로 나타났다. 즉, 대치 시 예상승률은 과대 혹은 과소평가되지 않은 크기라고 하더라도 경제제재의 효과에는 여전히 영향을 미치지 못하는 것으로 분석된다.

〈표 3-22〉 회귀분석 결과 (2)

모형		비표준화계수		표준화계수	t	유의확률 (p)
		B	표준오차	베타		
1	(상수)	22.536**	9.299		2.424	0.017
	준거점	-1.501**	0.610	-0.201	-2.459	0.015
	대치 시 예상승률	-17.550	17.021	-0.088	-1.031	0.304
	대치 시 예상비용	0.748*	0.427	0.150	1.753	0.082

주 1 : 종속변수는 경제제재의 효과임.
주 2 : ** 95% 수준에서 유의미함, * 90% 수준에서 유의미함.

회귀분석을 통해 다음과 같은 결론을 얻을 수 있다. 첫째, 대상국의 제재에 대한 대응은 준거점과 대치 시 예상비용에 따라 달라진다. 둘째, 대상국의 대치 시 예상승률은 대상국의 의사결정에 유의미한 영향을 미치지 않는 것으로 분석되었다. 따라서 실험가설 1과 실험가설 3의 반증 가능성은 매우 낮음이 검증된 것이다.

본 장에서는 전망이론 모델의 적합성을 검증하기 위해 모델 내부의 변수를 측정하고, 이를 사용해 대상국의 의사결정과 이에 영향을 미치는 요인들 간의 회귀분석을 실시하였다. 그 결과에 따르면, 이론에 의해 구성되었던 <그림 3-14>의 모델은 <그림 3-17>과 같이 변경하는 것이 타당할 것으로 판단되었다.

〈그림 3-17〉 경제제재 대상국의 의사결정 요인 분석의 최종 모델

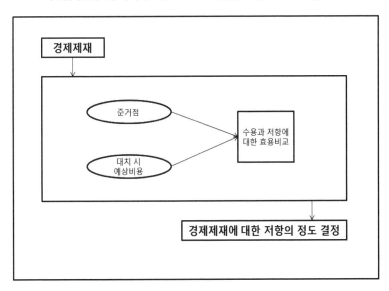

<그림 3-17>에 따르면, 경제제재 대상국의 의사결정에 영향을 미치는 요인은 준거점과 대치 시 예상비용이 된다. 첫째, 경제제재 대상국은 준거점이 상승하면 경제제재에 더욱 강하게 저항한다. 둘째, 경제제재 대상국은 대치 시 예상비용이 감소하면 경제제재에 더욱 강하게 저항한다. 요약하자면, 경제제재 대상국은 준거점이 높고, 대치 시 예상비용이 작을수록 발의국에 강력하게 도전할 수 있게 된다는 해석이 가능하다.

미국의 대북 경제제재와
북한의 선택

미국의 대북 경제제재와 북한의 선택

1. 왜 북한 사례인가?

이번 장에서는 미국의 경제제재에 대한 북한의 의사결정을 논의한다. 사례 분석을 실시하는 이유는 이 책에서 구축한 모델이 현실 사례를 이해하는 데에 유용한 설명력을 지니는가를 알아보기 위해서이다. 특히 북한을 연구대상으로 선정한 이유는 북한이 동일한 사안에 대하여 시간적 간격을 가지고 경제제재를 받아온 국가이기 때문이다. 즉, 북한 사례의 경우, 시간 간격에 따른 준거점의 변화가 예상된다. 따라서 "준거점의 변화에 따른 경제제재의 상이한 결과를 설명"하는 모델의 설명력을 검증하기 위해 경제제재에 대한 북한의 의사결정을 분석하는 것은 적절할 것으로 판단된다.[178]

한편 이 책에서는 국제사회의 대북제재 중 미국의 제재만을 대상으로 분석을 실시한다. 전망이론 모델은 개별 국가를 행위자로 삼고 있기 때문에 유엔이나 유럽연합 등으로부터의 다자제재를 대상으로 연구를 추진하는 것은 적절하지 않을 수 있다. 다행히 미국은 유엔 대북제재 등 다자제재를 주도하는 행위자이기 때문에 미국의 제재를 대상으로 연구를 진행하더라도 무리는 없어 보인다.

한편 이 책의 분석은 미국의 대북 경제제재 중 비핵화와 관련된 경제제재 사례만을 대상으로 연구를 진행한다. 이는 경제제재의 목적이 동일하지 않을 경우 이것이 대상국의 의사결정에 미칠 수 있는 영향을 최소화하기 위함이다.179) 또한 시기적으로는 2006년 이전까지 만을 대상으로 연구를 진행한다.

앞서 구축된 모델을 이용해 북한의 경제제재에 대한 의사결정 요인을 분석한다는 것은 모델 내부 요인들의 변화와 북한의 의사결정의 변화를 살펴보고, 이들 간의 관계를 파악한다는 것을 의미한다. 따라서 본 장에서는 첫째, 북핵 위기에 대한 미국 대북 경제제재의 맥락을 살

---

178) 물론 모델 내부에는 준거점 이외의 예상승률이나 예상비용 요인들이 존재한다. 그러나 준거점에 초점을 맞추어 설명할 수 있는 사례들이 모델의 설명력을 분석하는 데 더욱 유용할 것인데, 이는 모델의 기반이 되는 전망이론의 핵심이 준거점의 변화에 따른 의사결정 변화이기 때문이다.

179) 클린턴 행정부의 대북 경제제재와 부시 행정부의 대북 경제제재의 목적을 구체적으로 살펴보면, 북한에 대한 핵동결(freeze)과 핵폐기(dismantlement)로 구분할 수 있으나 본 논문에서 두 경우는 유사한 요구사항을 가진 경제제재로 다루고 있다. 왜냐하면 첫째, 일반적인 정책 변화(인권정책, 종교정책 등)의 목적과 그 이외의 목적만을 구분하여 가중치를 부여하고 있기 때문에 핵동결(freeze)과 핵폐기(dismantlement)는 요구사항의 크기에 대한 동일한 가중치를 가지게 되는 것이다. 둘째, 현실적으로도 두 경제제재 사례는 모두 한반도 비핵화를 최종 목적으로 하고 있기 때문에 동일한 목적을 가진 경제제재로 분석하는 것에는 무리가 없을 것으로 판단된다.

퍼본 후, 둘째, 북한의 준거점 변화, 예상승률 변화, 예상비용 변화, 그리고 북한의 의사결정 변화를 차례로 살펴보도록 한다. 마지막으로 모델 내의 요인들 중 북한의 의사결정 변화에 영향을 준 주된 요인을 판단한 후, 해당 요인이 어떠한 방식으로 최종 의사결정에 영향을 미쳤는가에 대해 논의한다.

2. 북핵 위기와 미국의 경제제재

1) 1차 북핵 위기와 클린턴 행정부의 대북제재

북한이 핵개발에 관심을 가지기 시작한 것은 1950년대부터였다. 북한은 1955년 원자 및 핵물리학 연구소를 설치했으며, 이후 1963년 소련으로부터 실험용 원자로 IRT-2000을 도입했다. 이후 북한은 1974년 IAEA에 가입했는데, 이는 핵개발이 일정 수준 이상에 도달하면서 더 이상 비합법적인 방법으로 핵개발 장비와 지식을 취득할 수 없었기 때문이었다. 1985년 북한은 NPT에도 가입하였다. 이는 1980년대 초 북한이 소련에게 전력생산을 위한 원자력 발전소 건설을 요청했는데 소련이 이에 대한 조건으로 NPT 가입을 요구했었기 때문이었다.[180] 이 시기까지 북한의 핵 활동은 IAEA나 NPT 등의 국제적 요구에 따르는 여타 국가들의 핵 활동과 크게 다르지 않았던 것으로 판단된다.

---

180) 소련은 북한과 '원전 건설을 위한 경제기술협력 협정(1985. 12)'을 체결했으며, 이에 따라 북한은 NPT에 가입하게 되었다.

북한의 핵 활동이 국제사회의 이슈로 부각된 것은 1989년 9월 프랑스 상업위성에 의해 북한 영변지역의 사진이 공개되면서 부터였다. 당시 사진 판독 결과 플루토늄을 추출할 수 있는 핵재처리 시설이 영변에 들어선 것으로 판단되었기 때문이었다. 그러나 1990년 전후 북핵문제는 IAEA와 북한 간 안전조치 협정 체결 교섭(1989. 12 - 1990. 7, 3회), 노태우 대통령의 한반도 비핵화 선언(1991. 11), 남북 고위급회담 (1990. 9 - 1991. 9, 3회) 등을 통한 국제사회와 한국 및 미국의 노력으로 해결의 조짐을 보이고 있었다.181) 또한 이 과정에서 북한은 'IAEA 안전조치협정 서명'과 '핵사찰' 카드를 사용하여 미국과의 양자회담을 이끌어내면서 북핵 문제의 해결에 협조하는 행태를 보였다.182) 예를 들어 1992년 1월 북한은 미국과 한국전쟁 이후 최초의 회담을 가졌고, 그해 5월 IAEA의 임시사찰에 동의하였으며, 핵시설 및 핵물질 목록과 관련한 최초보고서를 IAEA에 제출하였다.

그러나 1992년 7월 IAEA의 제2차 임시사찰 결과와 북한이 제출한 보고서 간의 불일치가 발견되면서 북핵 위기는 촉발되었다. 1992년 12월 IAEA는 북한에게 미신고 시설에 대한 방문 허용을 요청하였으나 북한은 1993년 1월 IAEA의 요청을 거절했다. 만약 사찰을 강요한다면 NPT를 탈퇴하겠다고 경고했다. 결국 1993년 2월 IAEA는 북한에게 핵시설에 대한 특별사찰을 허용할 것에 대한 성명을 발표하게 된다. 북한이 핵시설에 대한 특별사찰에 응하지 않자 한국과 미국은 1992년 한해 중단시켰던 한미 팀스피리트183) 훈련을 1993년 3월 재개했다. 이후

---

181) 서훈. "북한의 선군외교연구". 동국대학교 박사학위논문. 2008. p.140.
182) Wit, Joel, Daniel Poneman and Robert Gallucci. 김태현 역. 『북핵 위기의 전말』. 서울 : 모음북스. 2004. p.12.

북한은 즉각적으로 NPT 탈퇴의사를 밝히기에 이른다.

미국은 북한의 NPT 탈퇴에 즉각적으로 경제제재를 발의하기보다는 주변 국가들과의 협력을 통해 점진적으로 제재를 확대해 나가는 방안을 택했다.[184] 미국은 북한의 경제가 고립되어 있어, 연료와 식량을 공급하는 중국과 조총련을 통해 수백만 달러를 송금하는 일본의 협력 없이는 제재의 효과를 기대할 수 없다고 판단했던 것이다. 따라서 미국은 대북연합세력을 형성하여 북한에 대한 압력수위를 높이면서 중국의 참여를 유도하는 점진적 확대 전략을 선택하였다.[185] 먼저 미국은 북한에 대해 IAEA의 안전조치 이행을 촉구했다. 다음으로 중국에 대한 협조를 유도하면서 한국과의 협조 속에 세부단계로 나눈 경제제재조치를 단계별로 취해나갈 것을 계획했다. 미사일 수출 차단이 그 첫 번째 조치였다.[186]

NPT 탈퇴 효력이 발생되기 10일 전인 1993년 6월 2일, 미국과의 협상에서 북한 대표 강석주는 NPT 복귀는 불가능함을 주장했다. 이에 미국은 북한에게 유엔 안보리 회부를 통한 경제제재를 언급하였는데, 실제로 미국, 한국, 일본 등은 북한의 NPT 탈퇴가 실제 이루어진다면, 경제제재 조치에 대한 논의를 시작하기로 합의한 상태였다.[187] 미국은 중

---

183) 한국과 미국은 1964년부터 한반도에서의 군사충돌을 대비하기 위해 합동군사훈련은 연례적으로 실시해왔는데, 이것이 팀스피리트 훈련이다.

184) 『Washington Post』. 1993. 4. 27; Wit, Joel, Daniel Poneman and Robert Gallucci. 김태현 역. 『북핵 위기의 전말』. 서울 : 모음북스. 2004. p.38.

185) Drezner, Daniel. *The Sanctions Paradox*. Cambridge: Cambridge University Press. 1999. p.297.

186) 이용준. 『게임의 종말』. 파주 : 한울. 2010. p.71.

187) 『Washington Post』. 1994. 6. 2; Wit, Joel, Daniel Poneman and Robert Gallucci. 김태현 역. 『북핵 위기의 전말』. 서울 : 모음북스. 2004. p.69.

국에게도 "북한이 NPT에서 탈퇴하면 북한에 대해 제재를 부과하라는 국제사회의 압력이 매우 커질 것"이라고 통보했다.[188] 북미간의 갈등은 북한의 NPT 탈퇴 시한 하루 전인 6월 11일 공동성명서가 마무리되면서 일단 위기를 넘겼다.[189] 공동성명서는 핵무기 등 무력 불사용, 불위협, 자주권 존중, 상호존중, 대화지속, NPT 탈퇴 일시정지 등의 내용을 담고 있었다. 북한과 미국 간의 합의는 북한의 NPT 탈퇴 유보와 함께 IAEA 및 남한과의 대화재개 합의라는 측면에서 성과를 거두기는 했지만 북핵 문제가 완전히 종결된 것은 아니었다. 그해 10월 북한은 또다시 IAEA의 필름 및 배터리 교체 거부로 미국과의 갈등을 야기했다. 1993년 10월 20일 『뉴욕 타임즈』는 미국과 여타 우방들은 북한에 대한 경제제재를 모색하고 있다고 보도했다.[190]

북한과 미국 간의 협상은 다시 극적 타결을 만들어 냈다. 1994년 봄, 북한은 IAEA 사찰 허용, 남북 실무회담 재개 등을, 미국은 1994년 팀스피리트 훈련 중단, 3차 북미 고위급회담 재개 등을 주요 내용으로 하는 합의 사항이 공개되었다. 이에 따라 1994년 2월 북한은 IAEA 사찰단에게 2주간의 비자를 발급했으며, 3월에는 IAEA 대북사찰, 남북대화, 1994년 팀스피리트 훈련 중단 및 제3차 북미회담 등이 예정되어 있었다. 그런데 1994년 3월 16일 IAEA는 북한에 대해 "사찰을 제대로 수행할 수 없어 핵물질 전용 내지 재처리가 있었는지 여부에 관한 결론을

---

188) Wit, Joel, Daniel Poneman and Robert Gallucci. 김태현 역. 『북핵 위기의 전말』. 서울 : 모음북스. 2004. p.69.
189) 마이클 마자르. 김태규 역. 『북한 핵 뛰어 넘기』. 서울 : 홍림문화사. 1996. p.210.
190) Hufbauer et al. *Economic Sanctions Reconsidered 3rd edition*. Washington, DC : Peterson Institute of International Economics. 2007. Case Histories and Data No.93-1; 마이클 마자르. 김태규 역. 『북한 핵 뛰어 넘기』. 서울 : 홍림문화사. 1996. p.216.

내릴 수 없다"고 발표했다. 이에 북한은 1994년 4월 5MWe 원자로의 가동을 중단하고, 폐연료봉 교체 시 IAEA 입회요청 서한을 발송했으며, 1994년 5월 4일 폐연료봉 인출을 시작했다. 1994년 5월 17일 IAEA가 사찰을 실시했으나 북한은 사용 후 연료봉의 추출 및 핵연료봉의 샘플 채취를 거부함으로써 과거 핵 활동 관련 정보 습득을 불가능하게 하였다.

미국은 북한과의 모든 대화를 취소하고 대북 경제제재에 착수하였다. 1994년 6월 3일, 갈루치(Robert Gallucci) 차관보는 한미일 공동성명을 통해 북한에 대한 경제제재를 발표하였다.[191] 이는 개발원조 공여의 중단, 체육, 문화, 과학 등에서의 교류 및 지원 금지, 무기수출 금지 등을 포함한 경제제재였으며, 만약 이러한 경제제재에도 불구하고 IAEA의 특별사찰이 이루어지지 않을 경우 무역과 금융거래를 중단한다는 강경 조치였다. 북미간의 갈등이 극으로 치닫고 있었다. 이때 북한은 자신들의 대미 채널을 이용해 미국과의 협상 가능성에 대한 신호를 보냈다. 카터 전 미국 대통령의 방북을 통해 북한은 자국의 핵개발은 미국의 제재 때문이라면서 미국과의 협상을 통해 핵동결의 의사가 있음을 내비쳤다.[192] 카터 전 미국 대통령의 방북 기점을 계기로 최고조에 이르렀던 북미갈등은 완화되었고, 그해 10월 북미 간 제네바 합의로 제1차 북핵 위기는 마무리 되었다.

---

191) Hufbauer et al. *Economic Sanctions Reconsidered 3rd edition*. Washington, DC : Peterson Institute of International Economics. 2007. Case Histories and Data No. 93-1; Drezner, Daniel. *The Sanctions Paradox*. Cambridge : Cambridge University Press. 1999. pp.280-282.

192) Wit, Joel, Daniel Poneman and Robert Gallucci. 김태현 역.『북핵 위기의 전말』. 서울 : 모음북스 2004. p.275.

1차 북핵 위기 당시 클린턴 행정부의 대북 경제제재와 관련된 사건들은 <표 4-1>과 같이 정리할 수 있다.

<표 4-1> 1차 북핵 위기와 클린턴 행정부의 경제제재 (1992-1994년)

시기	사건
1992. 7	IAEA의 사찰과 북한 보고서 간의 불일치 발견, 특별사찰 권고
1993. 1	북한, IAEA사찰을 강요한다면 NPT를 탈퇴하겠다고 경고
1993. 3	한미 팀스피리트 훈련을 재개
1993. 3	북한, NPT 탈퇴 의사 공표
1993. 3-6	미국은 즉각적으로 경제제재를 발의하기보다는 주변 국가들과의 협력을 통해 점진적으로 경제제재를 확대해 나가는 방안을 선택
1993. 6	북한의 NPT 탈퇴 시한 하루 전인 6월 11일, 북미 간 공동성명서가 마무리되면서 위기 진정
1994. 5	북한, 폐연료봉 인출 이후 핵연료봉 샘플 채취 거부함으로써 과거 핵 활동 관련 정보 습득 불가능
1994. 6	미국, 북한과의 모든 대화를 취소하고 유엔을 통한 대북제재에 착수 1단계 : 개발원조 공여의 중단, 체육, 문화, 과학 등에서의 교류 및 지원 금지 무기수출 금지 등을 포함한 제재조치(30일 후 발효) 발표 특별사찰이 거부될 경우, 2단계 : 무역과 금융거래를 중단할 것임을 발표
1994. 10	북·미 제네바 기본 합의서 채택

자료 : 저자 정리

2) 2차 북핵 위기와 부시 행정부의 대북제재

2000년 11월 7일 실시된 미국 대통령 선거에서 당선된 부시(George W. Bush)는 클린턴 행정부의 대북정책을 전면 수정하고 '포괄적 접근'이라는 새로운 정책을 가지고 북한에게 대화를 제의했다.193) 북한은 이러한 미국의 제안을 "도저히 받아들일 수 없는 조건들을 내세워 자국을 무장해제 시키려는 목적"을 추구하고 있다고 비난하고, 제안이 "성격에 있어 일방적이고 전제 조건적이며 의도에 있어서 적대적이다"라고 평가하였다.194) 북한과 미국 간의 갈등은 2002년 4월 북한이 미국의 대화 제안을 수용하면서 완화 조짐을 보였다. 그 일환으로 북한은 2002년 7월 미국 대북 특사의 방북을 허용했다. 그러나 방북 일정이 확정되기 전에 미국은 북한에 대한 고농축 우라늄 개발 의혹을 품게 되었다. 더구나 6월 29일 한반도에서는 남한과 북한의 서해교전 사태가 발생하였다. 이로 인해 켈리 특사의 방북은 10월로 연기되었다. 2002년 10월 켈리특사는 북한 방문에서 북한의 HEU 개발에 대한 의혹을 제기했다. 이에 북한의 김계관 부상은 핵무기 비밀개발 계획설을 부인했다. 그러나 다음날 미국은 "북한의 강석주 제1부상이 전날 김계관 부상의 부인을 번복하고 HEU 개발 사실을 인정했다"고 발표하였으며, 그 결과 미국 국무부는 10월 16일 대변인 성명을 통해 북한의 HEU 개발 계획의 시인을 공표함으로써 2차 북핵 위기는 시작되었다.195)

---

193) Immediate Release Office of the Press Secretary (2001. 6. 13). The White House President George W. Bush. http://georgewbush-whitehouse.archives.gov/news/release/2001/6/2001 0611-4.html (검색일 : 2011. 12. 10).

194) 「외무성대변인 성명」.『로동신문』. 2001. 6. 18.

북한의 HEU 개발 시인에 대해 미국은 즉각적으로 경제제재를 발의하였다. 부시 행정부는 2002년 11월, 중유제공을 12월부터 중단할 예정임을 발표했으며, 중유지원은 12월부터 실제로 중단되기 시작하였다. 당시 시세로 중유 50만 톤은 1억 달러에 달하는 가치였는데, 이는 2002년 북한의 연간 외화수입의 약 10%에 달하는 액수였다.196) 미국의 경제제재는 북한이 HEU 개발 계획을 포함한 모든 핵개발 계획의 완전하고 항구적인 폐기가 이루어져야 한다는 요구를 담고 있었다.197) 이에 북한은 2002년 12월 12일 외무성 대변인의 담화를 통해 제네바 기본합의문에 따라 연간 50만 톤 중유 공급을 전제로 했던 핵동결 조치를 해제하고 전력생산에 필요한 핵시설들의 가동과 건설을 즉시 재개할 것이라고 밝혔다. 북한은 12월 12일 핵동결 해제, 22일 5MWe 원자로 봉인 감시카메라 제거, 12월 31일 IAEA 사찰관 추방, 2003년 1월 NPT 탈퇴성명 발표 등으로 미국의 경제제재에 강경하게 대응했다.198)

---

195) U.S. Department of State Press Statement (2002. 10. 16.). U.S Department of State Achieve. http://2001-2009.state.gov/r/pa/prs/ps/2002/14432.htm (검색일 : 2011. 12. 10).

196) 이우탁. 『오바마와 김정일의 생존게임』. 서울 : 창해. 2009. p.215.

197) Kelly, James. "United States to North Korea : We Now Have a Pre-Condition." Yale Global Online. Dec. 12. 2002.
http://yaleglobal.yale.edu/content/united-states-north-korea-we-now-have-pre-condition. chadwyck.com/home.do (검색일 : 2012. 8. 29).

198) "미국이 어떻게 하나 한사코 우리를 압살하려 하고 있고 국제원자력기구가 미국의 대조선적대시정책의 도구로 도용되고 있다는 것이 다시금 명백해진 조건에서 우리는 더 이상 핵무기전차방지조약에 남아 나라의 안전과 민족의 존엄을 침해당할 수 없다…핵무기전파방지조약에서의 탈퇴는 우리 공화국에 대한 미국의 압살 책동과 그에 추종한 국제 원자력 기구의 부당한 처사에 대한 응당한 조치이다." 「조선인민 민주주의공화국 정부 성명」. 『로동신문』. 2003. 1. 10; Haggard, Stephan and Marcus Noland. "Engaging North Korea : the Efficacy of Sanctions and Inducements." in Etel Solingen ed. Sanctions, Statecraft, and Nuclear Proliferation. Cambridge : Cambridge University Press. 2012. p.232.

2003년 4월 23일부터 25일까지 중국의 중재로 미국과 북한 그리고 중국이 참석한 3자회담이 열렸지만 성과 없이 끝났다. 이후 2003년 8월 27일부터 29일까지 미국, 북한, 한국, 일본, 중국, 러시아를 포함한 6자회담이 진행되었다. 북한은 6자회담을 통해 핵동결의 대가로 대북 불침공 서면 확약 등의 안전보장과 에너지 지원, 경제제재 해제, 테러지원국 해제 등을 요구했다. 이에 대해 미국은 HEU를 포함한 모든 핵프로그램에 대한 완전하고 검증가능하며 불가역적인 핵폐기(Complete, Verifiable, Irreversible Dismantlement : 이하 CVID)가 전제되어야 북한의 요구에 대한 논의가 가능하다고 주장했다. 6자회담은 3차까지 의미 있는 결실을 맺지 못했다. 회담이 진행되는 동안 북한은 핵무기 6-8개를 제조할 수 있는 분량의 플루토늄을 확보한 것으로 추정되고 있었다. 미국은 북한의 핵활동을 억지하기 위해 2004년 11월 26일 KEDO 경수로 사업의 1년 중단이라는 경제제재를 추가로 발의했으며, 이후 북한은 2005년 2월 10일 핵보유를 선언했다. 이에 대해 미국은 2005년 5월 행정명령 13382호에 의거하여199) 대량살상무기 확산에 연류된 북한 회사 12개 및 개인 1명에 대한 자산 동결을 발의했다.

이후 2005년 7월 26일 제4차 1단계 6자회담이 열렸으나 아무런 소득 없이 끝났다. 한편 제4차 2단계 6자회담에서는 9·19 공동성명이 도출되었다. 9·19 공동성명을 통해 이루어진 북한의 핵무기 포기 선언200)은 긍정적인 결과임에는 틀림없었지만, 북한 측의 약속 준수를 위

199) U.S. Department of State. http://www.state.gov/documents/organization/135435.pdf (검색일 : 2016. 4. 3).
200) 9·19 공동성명 원문의 제1항에 따르면, 북한은 다음과 같이 핵무기 포기를 선언하였음을 알 수 있다. "조선민주주의인민공화국은 모든 핵무기와 현존하는 핵 계획을

해 검증가능한 절차가 필요했다.

이러한 상황에서 미국 재무부의 대북 경제제재가 공개되었다.[201) 미국 재무부는 방코델타아시아(Banco Delta Aisan : 이하 BDA)를 돈세탁 우려 대상으로 지정해 자국 내 금융기관들에게 BDA와 일체 거래를 하지 못하도록 하는 금융제재를 9월 15일 발의한 것이었다.[202) 미국 재무부의 발표로 BDA의 신용은 바닥으로 떨어졌으며, 마카오의 금융질서는 무너졌다. 결국 마카오 행정청은 BDA의 북한계좌를 동결시켰다. 이러한 조치 이후 2006년 상반기에만 전 세계 30개가량의 금융기관이 북한과 금융거래를 축소 혹은 단절시켰다. 또한 미국은 2006년 4월, '외국자산 통제규정' 개정을 통해 미국인의 북한선적 선박의 소유, 임차, 운영, 보험제공을 금지하는 제재를 발의했다.[203) 그해 7월에는 미국 상원에서 '북한 비확산법'이 가결되어 WMD 전용물자, 기술을 거래하는 개인,

---

포기할 것과, 조속한 시일 내에 핵무기비확산조약(NPT)과 국제원자력기구(IAEA)의 안전조치에 복귀할 것을 공약하였다(The Democratic People's Republic of Korea (North Korea) committed to abandoning all nuclear weapons and existing nuclear programs and returning at an early date to the treaty on the nonproliferation of nuclear weapons (NPT) and to IAEA (International Atomic Energy Agency) safeguards.)."

201) 미국의 재무부가 9·19회담 결과의 세부이행 사항을 논의해야 하는 상황에서 이에 대한 진행에 장애물이 될 수 있는 경제제재를 발의한 것은 미국 내 강경파와 협상파들 간의 갈등에서 비롯된 것으로 분석되고 있다. 이는 경제제재 효과에 영향을 미치는 발의국 국내정치 요인들에 대한 논의로, 이 책에서는 다루지 않기로 한다. 발의국의 국내 정치가 경제제재 효과에 미치는 영향에 대한 논의는 다음의 연구를 참조할 수 있다. Drury, Cooper. "U.S. Presidents and the Use of Economic Sanctions." *Presidential Studies Quarterly*. Vol. 30. No. 4. 2000 등.

202) U.S. Department of the Treasury Financial Crime Enforcement Network. https://www.fincen.gov/statutes_regs/patriot/pdf/notice_banco.pdf (검색일 : 2016. 4. 3).

203) U.S. Department of the Treasury. https://www.treasury.gov/resource-center/sanctions/Documents/fr71_17345.pdf (검색일 : 2016. 4. 3).

기업들의 대미거래가 금지되었다.[204] 이어 9월 21일 조선광성무역 등 북한의 8개 기업이 대량살상무기 확산을 지원한 혐의가 있다며 이들 기업이 미국 내에서 보유하고 있거나 앞으로 보유할 모든 자산에 대해 동결령을 내렸다. 대상은 조선광성무역, 해성무역, 조선종합설비수입, 조선국제화학 합작, 조선부강 무역, 조선영광 무역, 조선연화기계 합작, 토성기술무역 등이었다.[205] 북한은 외부 지원이 중단되고, 무기수출을 통한 자금 유입에 어려움을 겪었을 뿐 아니라, 자국의 해외자금까지 장기간 동결되는 어려움에 놓이게 되었다. 미국과의 협상은 장기적 교착상태에 이르렀고, 북한은 결국 2006년 10월 3일 핵실험 의사를 밝혔고, 10월 9일 핵실험을 강행하였다.[206]

2차 북핵 위기 당시 부시 행정부의 경제제재와 관련된 사건들은 <표 4-2>와 같이 요약할 수 있다.

〈표 4-2〉 2차 북핵 위기와 부시 행정부의 경제제재 (2002-2006년)

시기	사건
2002. 10	미국, 북한의 HEU 계획 시인을 공표
2002. 11	미국, 중유제공 중단
2002. 12	북한, 핵동결 해제 5MWe 원자로 봉인 감시카메라 제거, IAEA 사찰관 추방
2003. 1	북한, NPT 탈퇴성명 발표

---

204) U.S. Department of State. Iran, North Korea, and Syria Nonproliferation Act Sanctions. http://www.state.gov/t/isn/inksna/ (검색일 : 2016. 4. 3).
205) Rennack, Dianne. *North Korea : Economic Sanctions.* Washington, DC : Library of Congress. 2006. pp.22-28.
206) 찰스 프리처드. 김연철 · 서보혁 역. 『실패한 외교』. 파주 : 사계절. 2008. p.217.

2004. 11	KEDO 경수로 사업의 1년 중단
2005. 2	북한, 핵보유 선언
2005. 5	미국, WMD 확산연류 북한 회사 12개 및 개인 1명에 대한 자산 동결
2005. 9	6자회담, 9·19 공동성명 도출(9월 19일) 미국, 마카오주재 방코델타아시아은행을 자금세탁 우려대상으로 지정 북한계좌 동결(9월 15일, 그러나 9·19 공동성명 이후 공개)
2006. 4	미국, 미국인의 북한선적 선박의 소유, 임차, 운영 보험제공을 금지
2006. 7	미국, 상원에서 '북한 비확산법'이 가결되어 WMD 전용물자, 기술을 거래하는 개인, 기업들의 대미거래를 금지
2006. 9	미국, 조선광성무역 등 북한의 8개 기업이 대량살상무기 확산을 지원 한 혐의가 있다며 이들 기업이 미국 내에서 갖고 있거나 앞으로 가질 모든 자산에 대해 동결령 발의
2006. 10	북한, 핵실험

자료: 저자 작성

3. 북한의 선택

1) 준거점 변화

이 책의 모델에서 준거점은 제3장에서 논의한 바와 같이 정치·경제
안정도 및 국제사회의 지원 유무의 곱으로 도출되며, 최소 1(매우 낮음)
에서 최대 6(매우 높음)의 값을 지닌다. 따라서 북한 사례 분석에서도 북
한의 준거점은 정치·경제 안정도 및 국제사회의 대북 지원 유무로 측

정하며, 제3장과의 일관성 유지를 위해 북한의 정치·경제 안정도 및 국제사회의 대북 지원 유무는 Hufbauer et al.(2007)에 나타난 수치를 인용한다.

Hufbauer et al.(2007)에 의하면 클린턴 행정부의 대북 경제제재 당시 북한의 정치·경제 안정도 및 국제사회의 대북 지원 유무는 각각 1, 1로 나타나 북한의 준거점은 1이 되며, 부시 행정부의 대북 경제제재 시의 정치·경제 안정도 및 국제사회의 대북 지원 유무는 각각 1, 2로 평가되어 준거점은 2로 측정된다.[207] 따라서 북한의 준거점은 1에서 2로 상승한 것으로 분석할 수 있다.

한편 Hufbauer et al.(2007)은 클린턴 및 부시 행정부의 경제제재 당시 북한의 정치·경제 안정도를 모두 1로 평가한 구체적 근거에 대해서 설명하고 있지 않으며, 다른 경제제재 대상국들의 경우와 마찬가지로 경제제재 이전 10년 동안의 정권교체 횟수, 5년 동안의 경제성장률, 3년 동안의 물가상승률 등을 고려하여 측정한 것으로 추정된다. 하지만 북한의 경우는 정부수립 이후 2012년 현재까지도 정권교체가 없는 국가일 뿐만 아니라 물가상승률과 같은 경제지표를 구하기가 불가능한 국가임을 감안하면 이들의 평가에 대한 구체적 검토가 필요할 것으로 판단된다. 이와 마찬가지로 경제제재의 효과를 상쇄시킬 수 있는 다른 국가의 대북 지원 유무에 대해서도 Hufbauer et al.(2007)은 최종 평가 점수만 제시할 뿐이므로 구체적인 논의가 요구된다.

따라서 이하에서는 클린턴 및 부시 행정부의 대북 경제제재 당시 북

---

207) Hufbauer et al. *Economic Sanctions Reconsidered 3rd edition.* Washington, DC : Peterson Institute of International Economics. 2007. Case Histories and Data No. 93-1.

한의 정치・경제 안정도 및 국제사회의 대북 지원 유무에 대해 살펴본 후, 두 시기를 대상으로 북한의 준거점 변화에 대해 논의한다.

A. 클린턴 행정부의 경제제재 당시 북한의 준거점 분석

이미 언급한 바와 같이 Hufbauer et al.(2007)은 클린턴 행정부의 경제제재 당시 북한의 정치・경제 안정도를 '매우 불안정'을 의미하는 1, 북한에 대한 국제사회 지원은 1로 평가하고 있으며, 따라서 북한의 준거점은 1인 것으로 측정한다.

비록 근거는 제시하고 있지 않지만, Hufbauer et al.(2007)이 클린턴 행정부의 경제제재 당시 북한의 정치・경제 안정도를 '매우 불안정'을 의미하는 1로 평가한 이유에 대해서는 비교적 쉽게 이해할 수 있다.

우선 1990년대 초반의 경제제재 당시 북한의 정치적 상황은 매우 어려웠다. 물론 북한의 특성상 Hufbauer et al.(2007)에 의한 기준인 경제제재가 발의된 1994년 이전 10년 동안의 정권교체 횟수는 0이었으나, 북한정권 수립 이래 최대의 우방이었던 소련과 중국의 한국과의 수교 및 동유럽 사회국가들의 시장경제체제로의 전환은 북한의 정치적 안정성 유지에 매우 커다란 타격이었을 것으로 판단된다. 북한 스스로 사회주의의 붕괴로 인해 "동유럽에 이은 북조선의 조락은 필연적인 시간문제"라는 외부 시각이 팽배해졌다고 인식할 정도로 북한의 정치적 상황은 안정은 커녕 체제 자체의 유지를 우려할 정도로 불안정하였다.[208]

1990년대 초반 북한의 정치적 불안정은 남북관계에 대한 북한의 입

---

208) 강성길. 『선군시대의 조국을 가다』. 평양 : 평양출판사. 2002. p.3.

장에서도 확인된다. 예를 들어 1988년 노태우 대통령의 '7·7 선언'에 대해 북한은 처음에는 부정적인 태도를 보였으나,[209] 남북관계 개선을 통해 대내 정치적 안정을 확보하려는 입장으로 변화하였다. 김일성은 1990년 5월 24일 최고인민회의에서 종래의 즉각적인 미군 철수 주장을 철회하고 미국이 남한에서 한꺼번에 모든 군대를 철수할 수 없다면 점진적으로 철수할 수도 있을 것이라고 발언하면서 남북관계 개선 의지를 보였다.[210] 실제로 1990년대 초반 남북 기본합의서의 채택, 북한 경제부총리의 남한 방문, 남한 민관조사단의 북한경제 시찰 등은 북한의 태도 변화를 보여주는 사례들이다. 즉, 북한은 정치적 안정성이 유지되고 있었다면 기존의 공세적 태도를 변경하고 스스로 남한에 대해 유화적으로 나설 이유가 없었을 것이나, 정치적 불안정을 인지하면서 남한과의 관계 개선을 통해 정치적 안정을 도모하려 했던 것으로 판단된다.

경제적으로는 더욱 심각한 상황에 북한은 놓여 있었다. 사회주의권의 붕괴에 따른 대외시장의 와해는 북한경제에 매우 커다란 충격이었다. 북한 무역의 대부분을 차지하고 있었던 소련과 중국의 국제가격 및 경화결제 요구는 북한의 원자재 수입 급감을 야기하였고,[211] 이는 마이너

---

209) 예를 들어 김일성은 1988년 7월 하순 북한을 방문한 동독 국방장관을 만난 자리에서 '7·7 선언'은 "한반도의 분단을 고착화하려는 의도"라며 반대 입장을 보이면서 팀스피리트를 핑계로 "남한이 우리에게 대포를 겨냥하고 칼을 가는 상황에서 평화적인 협상은 있을 수 없다"고 말했다. 돈 오버도퍼. 『두 개의 코리아』. 서울: 중앙일보. 1998. p.183.

210) 「최고인민회의 제9기 제1차회의에서 행한 시정연설」. 『로동신문』. 1990. 5. 25.

211) 예를 들어 1990년 북한과 소련간의 무역량은 24.7억 달러로 북한의 전체 무역량 47.2억 달러의 52.33%에 달했으나, 1990년 11월 '조·소 무역결산체계 변경에 관한 협정'을 체결한 후 북한과 소련의 무역 규모는 북한의 총 무역규모 대비 16.91%로 크게 감소하였다. 대부분의 원자재를 소련으로부터 수입해오던 북한에게 이러한 무역규모의 축소는 북한 경제 전반에 큰 영향을 미쳤을 것이다. 대외경제정책연구

스 경제성장률로 이어졌다. Hufbauer et al.(2007)의 기준에 따라 클린턴 행정부의 경제제재가 발의된 1994년 이전 5년 동안의 경제성장률을 살펴보면, 1989년은 1.4%였으나 1990년부터는 -4.3%, -4.4%, -7.1%, -4.5%의 마이너스 성장률을 기록하고 있었다.[212] 북한정권 수립 이래 북한경제가 마이너스 성장률을 보였던 것은 오일쇼크 직후였던 1978년이 유일하였던 것을 고려하면,[213] 연속적인 마이너스 성장은 북한경제 상황이 매우 불안정했음을 보여주는 것이라 할 수 있다.

Hufbauer et al.(2007)의 정치·경제 안정성의 기준의 하나인 경제제재 이전 3년간의 북한의 물가상승률을 파악하기란 불가능하다. 따라서 물가상승률의 대리(proxy) 지표라 할 수 있는 북한의 식량 수급 상황을 살펴보면 북한경제는 매우 불안정한 상황에 놓여있었음을 알 수 있다.[214] 1991년부터 1993년까지 3년간 북한의 식량 수급현황을 살펴보면, 부족량이 1991년에는 115만 톤, 1992년에는 124만 톤, 1993년에는 103만 톤에 이르렀다. 이에 따라 당시 북한 당국이 주민들에게 배급하는 식량의 양은 크게 줄고 있었다. 1990년대 초반부터 취약지역 주민들에 대한 배급은 정상적으로 이루어지지 못했으며, 1991년부터는 '하루 두끼먹기 운동' '허리띠졸라매기 운동' 등의 절미운동이 시작되었다.[215]

원. 『2002 북한경제백서』. 서울 : 대외경제정책연구원. 2002. pp.55-57.

212) National Account Main Aggregates Database.
http://unstats.un.org/unsd/snaama/resQuery.asp (검색일 : 2012. 1. 7).

213) 민족통일연구원. 『남북한 국력추세 비교연구』. 서울 : 민족통일연구원. 1993. p.258.

214) 물가상승률의 대리지표로는 환율도 고려할 수 있으나, 북한의 경우 2002년 7월 1일 경제관리개선조치 이전에는 대미환율을 2.15 수준에서 인위적으로 고정하고 있었으므로 대리지표로 사용하는 것이 불가능하다. 물론 쌀값의 경우도 통제되고 있어 물가상승이 표면화되지는 않으나, 식량 수급의 변화는 물가 변화의 잠재적인 요인이라는 점에서 대리지표로 설정한다.

식량 수급의 문제는 북한 당국에게 매우 심각한 문제로 인식되었던 것으로 보인다. 1990년대 초 김일성은 정무원이 반드시 이루어야 될 가장 중요한 과제는 "첫째도, 둘째도, 셋째도 농사를 잘 짓는 것"이라고 거듭 강조하고 있었다.[216] 뿐만 아니라 1990년대 초부터는 신년사에서 주체농법 관철을 통한 투쟁을 반복해서 강조하고 있었다.[217]

〈표 4-3〉 북한의 식량 수급 (1991-1993년)

(단위 : 만 톤)

	수요량	공급량	수입량	부족량
1991	647	402	130	115
1992	650	443	83	124
1993	658	427	128	103

자료 : 한국농촌경제연구원 북한농업통계.

---

215) 『연합뉴스』. 1991. 2. 11.
216) "인민들의 식의주 문제에서 기본은 먹는 문제이다. 먹는 문제를 원만히 해결하려면 농사를 잘지어 알곡 생산을 늘려야 한다. 알곡을 많이 생산하여 식량이 넉넉해야 인민들을 배불리 먹일 수 있고 사회주의, 공산주의를 성과적으로 건설할 수 있다. 그래서 나는 이미 오래전에 '쌀은 곧 사회주의다'라는 구호를 내놓았으며 오늘날에 와서는 '쌀은 곧 공산주의다'라는 구호를 내세우고 있다." 김일성. "일군들은 참다운 인민의 충복이 되자(1992. 12. 28)". 『김일성 저작집 44』. 평양 : 조선로동당 출판사. 1996.
217) "모든 사람들이 흰쌀밥에 고기국을 먹으며 비단 옷을 입고 기와집에서 살려는 우리 인민의 소망을 실현하는 것은 사회주의건설의 중요한 목표입니다. 우리는 올해에 사회주의경제전선을 힘있게 다그쳐 경제의 자립적 토대를 더욱 튼튼히 하며 인민들의 물질문화생활을 빨리 향상시켜야 하겠습니다…올해에 농업부문에서는 주체농법의 요구를 관철하여 농업생산을 늘이기 위한 투쟁을 힘있게 벌려야 하겠습니다. 물문제와 종자문제가 해결된 조건에서 주체농법을 관철하여 농업생산을 획기적으로 늘이기 위한 열쇠는 농촌에 비료를 넉넉히 대주는 것입니다. 화학공업부문을 비롯한 해당부문에서는 올해 농사에 필요한 화학비료를 제때에 책임적으로 생산보장하여야 하겠습니다." 「신년사」. 『로동신문』. 1993. 1. 1.

결국 북한 당국은 건국 이래 처음으로 경제개발계획(제3차 7개년 계획, 1987-1993년)의 실패를 공식적으로 인정하는 심각한 상황에 놓이게 되었다.[218] 따라서 클린턴 행정부의 경제제재 당시 북한의 정치·경제 안정도를 '매우 불안정'인 1로 측정한 것은 타당한 것으로 판단된다.

한편 클린턴 행정부의 대북 경제제재 당시 북한에 대한 국제사회의 지원 유무가 1로 측정된 것은 탈냉전 당시 북한의 국제적 고립 상황 때문이었던 것으로 볼 수 있다. 특히 북한의 가장 강력한 우방이었던 중국이 1992년 한국과 수교를 맺으면서 북한과 중국 간의 관계는 악화되었으며, 이것은 미국의 대북 경제제재에 대한 국제사회의 대북 지원 부재로 이어졌다.

중국은 1970년대 시작된 개방·개혁 정책에도 불구하고 북한과의 관계에 있어서는 경제적 실리보다 정치적 유대에 의존한 혈맹관계를 유지해왔다. 1990년대 초까지도 북한과 중국은 빈번한 상호방문을 통해 양국관계를 강화하는데 심혈을 기울여왔다. 예를 들어 중국의 우세지안(吳學謙) 외교부장(1983. 5), 후야오방(胡耀邦) 공산당 총서기(1984. 5, 1985. 10), 자오쯔양(趙紫陽) 공산당 총서기(1989. 4), 장쩌민(江澤民) 공산당 총서기(1990. 3), 양상쿤(楊尚昆) 국가주석 등 중국 최고위급 인사들이 빈번히

---

218) "90년대에 들어서면서 련이어 일어난 엄중한 국제적사변들과 복잡한 사태들은 혁명과 건설에 큰 영향을 미치였으며 우리나라 사회주의경제건설에 커다란 장애와 난관을 조성하였다. 여러 사회주의나라들과 세계 사회주의시장의 붕괴로 이 나라들과 맺었던 장기 또는 단기 무역협정들이 헝클어지고 그 리행이 거의 중단되게 되였으며 우리나라와 이 나라들 사이에 전통적으로 진행되어온 경제협조와 무역거래들이 부진되게 되였다. 이것은 우리의 경제건설에 큰 피해를 주었을뿐 아니라 전반적경제발전의 속도와 균형을 조절하지 않을 수 없게 하였으며 제3차 7개년계획을 원래 계획대로 수행할수 없게 하였다." 조선중앙통신사. 『조선중앙연감』. 1994. p. 168.

북한을 방문하였으며, 북한 측에서도 강산성 총리(1984. 8), 이근모 총리 (1987. 11), 연형묵 총리(1990. 11), 김영남 부총리 겸 의장(1984. 2, 1988. 11) 등이 중국을 방문하였다. 같은 기간에 김일성도 1982년 9월, 1984년 11월, 1987년 5월, 1989년 11월 그리고 1991년 10월 등 여러 차례 중국을 방문하였다.[219]

그러나 중국은 1992년 8월 한중수교를 계기로 북한과 관련된 대외정책을 사전에 북한에게 통보하는 관례를 더 이상 준수하지 않기 시작하였다. 1993년 2월 중국 리펑(李鵬) 총리는 북한과 새로운 정치, 군사적 협의와 비밀접촉을 갖지 않을 것과 선진 군사장비를 제공하지 않는 것을 포함한 대북 지원 축소 내용을 발표하였다.[220] 양상쿤(楊尙昆) 국가주석이 한중수교를 알리기 위해 1992년 북한을 방문한 이후 1999년 김영남 상임위원장이 중국을 방문할 때까지 북한과 중국 간의 고위급 접촉은 이루어지지 않았다.[221] 당시 중국은 북미간 중재를 통해 외교적 부담을 떠안기 보다는 주변 정세 안정에 유리한 조치를 취해 나가는 소극적 행보를 보였다.[222] 이러한 측면에서 클린턴 정부의 대북 경제제재를 완화시킬만한 중국의 대북 지원은 존재하지 않았으며, 중국을 제외한

219) 이종석. 『북한-중국 관계』. 2000. 서울 : 중심. p.274.
220) 이단. "북중관계의 변화와 지속성에 관한 연구". 전남대학교 박사학위논문. 2003. p.90.
221) 이종석.『북한-중국 관계』. 2000. 서울 : 중심. p.274.
222) 유엔 안보리는 1994년 3월 31일 의장성명을 통해, IAEA 사찰과 남북대화, 북미접촉을 촉구하는 한편 필요시 추가 조치를 고려한다고 밝혔는데, 여기에는 중국도 동참하였다. 이는 중국이 유엔에서 상정된 북한 문제에 관해 반대나 기권을 하지 않은 최초의 사례이다. Garett, Banning and Bibbue Glaert. "Looking Across the Yalu : Chinese Assessment of the North Korea." *Asian Survey*. Vol. 35. No. 6. 1995. pp.528-545.

다른 국가들로부터 고립되었던 북한의 대외환경을 고려한다면 국제사
회의 대북 지원은 없었던 것으로 파악할 수 있다.[223]

따라서 Hufbauer et al.(2007)이 구체적 근거는 제시하고 있지 않으나,
당시 북한의 준거점은 매우 불안했던 정치·경제 상황과 외교적 고립
으로 인한 국제사회의 지원 부재에 근거하여 1로 측정한 것이라고 판
단된다.

클린턴 행정부의 대북 경제제재 당시 북한의 준거점
= 정치·경제 안정도 × 국제사회의 지원 유무
= 1 × 1
= 1

B. 부시 행정부의 경제제재 당시 북한의 준거점 분석

앞서 언급하였듯이 Hufbauer et al.(2007)은 부시 행정부의 경제제재
당시 북한의 정치·경제 안정도를 '매우 불안정'을 의미하는 1, 북한에
대한 국제사회 지원은 2로 평가하고 있으며, 따라서 북한의 준거점은 2
인 것으로 측정된다.

Hufbauer et al.(2007)이 당시 북한의 정치·경제 안정도를 클린턴 행
정부의 경제재가 발의된 1990년대 초반과 같은 1로 평가한 것은 나름
대로 근거가 있는 것으로 보인다. 그들의 평가 기준인 경제제재가 발의
된 2002년 이전 10년 동안의 정권교체 횟수는 여전히 0이었고, 경제상

---

223) 일반적으로 중국의 대북 지원의 유무로 북한에 대한 국제사회 지원의 유무를 판단
한다면 분석을 지나치게 단순화했다는 지적에서 벗어나기 힘들 것이나 탈냉전의
조건을 고려한다면 거의 유일하게 남아있던 북한의 동맹인 중국과 북한 간의 관계
를 파악하는 것이 맥락상 무리는 없을 것으로 판단된다.

황 역시 불안정한 상태였기 때문이다. 즉, Hufbauer et al.(2007)은 204개의 사례 분석을 위해 일반적이고 광범위한 기준을 도입하고 있으므로 1990년대 초반과 2000년대 초반 북한의 정치·경제 안정도가 유사하게 측정되는 것은 당연한 결과라고 할 수 있다. 그러나 이처럼 광범위한 기준으로 1990년대 초반과 2000년대 초반 북한의 정치·경제 상황의 변화를 파악하기에는 미흡한 측면이 있다.

우선 2000년대 초반 북한의 정치적 상황은 1990년대 초반의 '매우 불안정'의 상태보다는 개선된 것으로 볼 수 있다. 먼저 대내적으로 1994년 김일성의 사망 이후 김정일은 1997년 10월 총비서로 추대되었으며, 1998년 9월 국방위원장으로 재추대되었다. 이와 동시에 김정일은 자신의 체제를 공고화하는 성격의 헌법 개정을 단행하였다. 특히 새 헌법에 따르면 헌법상 국방위원장의 권한은 일체의 무력을 지휘 통솔하며 국방 사업 전반을 지도하는 것으로만 되어있지만, 사실상의 국가수반이나 다름없었다. 최고인민회의 상임위원장의 발언에 따르면, 국방위원장은 나라의 정치, 군사, 경제 역량의 총체를 통솔 지휘하여 사회주의 조국의 국가체제와 인민의 운명을 수호하며 나라의 방위력과 전반적 국력을 강화 발전시키는 사업을 조직 영도하는 '국가의 최고 직책'이며, 우리 조국의 영예와 민족의 존엄을 상징하고 대표하는 '성스러운 직책'이기 때문이다.[224] 더구나 새 헌법은 국방위원회를 전반적인 국방 관리기관으로 규정해 놓음으로써 국방위원장인 김정일의 권력이 국가 전체에 미칠 수 있도록 제도화해 놓았다.[225] 실제 북한은 김일성 사망

---

224) 「김영남 최고인민회의 상임위원장이 김정일 국방위원장을 재추대하면서 행한 발언」. 『로동신문』. 1998. 9. 7.
225) 서대숙. 『현대 북한의 지도자』. 서울 : 을유문화사. 2000. p.223.

이후 전시체제를 통해 국가를 운영하고 있었다. 즉, 김정일은 자신의 직책을 국방위원장으로 제한해 두었지만 헌법 개정을 통해 북한 전반을 통제할 수 있는 권한을 자신에게 부여해 놓았던 것이며,226) 이로써 김정일의 정치세력은 안정적으로 후계승계를 완료한 것으로 분석된다. 김정일로의 후계승계 완료는 북한 내부의 정치적 불안정성을 일부 완화시켰을 것으로 판단할 수 있다.

2000년 전후 북한의 정치적 불안정성이 완화되었음은 중국, 한국 등에 대한 북한의 태도변화를 통해서도 판단할 수 있다. 특히 2000년을 전후하여 북한과 중국 간의 관계는 매우 밀접해졌다. 중국과 북한은 1999년 6월, 북한 최고인민회의 상임위원장을 단장으로 한 일행 50명이 중국을 방문한 후 양국 간의 교류를 급속도로 확대하였다. 북한은 1999년 김영남의 중국 방문을 시작으로 이후 2000년 5월 29일 김정일은 17년 만에 장쩌민 주석의 초청으로 중국을 방문했다. 중국은 김정일의 방문에 최고의 예의로 접대하였으며 이에 대하여 북한은 자국 대표단의 중국 방문이 북중 친선협조관계를 강화시키는데 기여하였다고 평가하였다.227) 2001년 9월 3일부터 5일까지 장쩌민 주석은 11년 만에 북한을 공식적으로 방문했다.228) 또한 양국 정상은 "상호간에 상대방의

---

226) 서대숙. 『현대 북한의 지도자』. 서울 : 을유문화사. 2000. p.223.
227) "조선대표단의 중국방문은 피로써 맺어진 전통적인 조중친선의 위력을 내외시위한 커다란 사변이며 조중 두 인민들 사이의 전통적인 친선협조관계를 가일층 강화 발전시키는데 이바지 하였다." 「전통적인 조중친선은 불패이다」. 『로동신문』. 1999. 6. 20.
228) 여기서 중국은 양국 간의 교류확산을 통해 "전통을 계승하고 미래를 지향하며 선린 우호를 촉진하고 협력을 강화해서 양국 간의 고위층 왕래를 계속 유지하고 중대한 국제 및 지역문제에서 협상과 협정을 강화하며 경제무역 협력관계와 인적 교류를 강화 발전시킬 것"을 제의하였음. 이단. "북중관계의 변화와 지속성에 관한 연구".

정치사상 체제와 대외정책을 긍정하고 존중한다"는 입장을 표명했다.229)
이로써 중국과 북한은 약 10년 만에 전통적인 우호관계를 일정 수준
회복하였다.

북한은 한국과의 관계개선에도 적극적이었다. 2000년 3월 김대중 대
통령은 베를린자유대학에서의 연설을 통해 대북 지원에 대한 의사를
밝혔다.230) 그와 비슷한 시기 한국과 북한은 남북정상회담 개최에 합의
하고 베이징에서 실무접촉을 가졌으며, 이에 따라 남북 정상회담 개최
에 대한 합의서가 2000년 4월 10일 서울과 평양에서 동시에 발표되었
다. 이후 남북 정상회담을 통해 6·15 남북 공동선언이 발표되었는데,
이후 남한과 북한의 인적, 물적 교류는 매우 활발히 이루어지게 되었
다.231)

북한의 이러한 대외관계 개선의 시도는 불안정성이 완화된 국내 정
치적 상황에 따른 것으로 볼 수 있다. 즉, 내부 세력 간의 다툼으로 정
치적 불안을 경험하고 있었다면 외부와의 접촉이 동반되는 관계개선에

전남대학교 박사학위논문. 2003. p.162.
229) 이단. "북중관계의 변화와 지속성에 관한 연구". 전남대학교 박사학위논문. 2003.
    p.162.
230) "우리는 북한이 경제적 어려움을 극복할 수 있도록 도와줄 준비가 되어있다. 북한
    당국이 요청한다면 우리는 민간경협을 정부간 협력으로 전환하여 도로, 철도, 항만,
    전력, 통신 등 사회간접자본에 적극 투자하고 북한의 농업구조개혁에도 협력할 용
    의가 있다. 우리는 북한의 안전과 경제회복, 국제사회 진출 등을 보장할 것이니 북
    한도 무력도발과 핵개발을 포기하고 장거리 미사일 야망을 버려야 한다. 북한은 냉
    전종식과 평화정착을 위해 화해협력에 호응하고 이산가족문제의 해결에도 적극 노
    력해주어야 한다. 이러한 모든 문제를 효과적으로 해결하기 위해 남북한 당국 간
    대화가 필요하다. 남북기본합의서 이행을 위한 특사제의를 수락할 것을 촉구한다."
    김대중.『21세기와 한민족』. 파주 : 돌베개. 2004. pp.92-100.
231) 특히 한국의 대북 경제적 지원이 매우 활발히 이루어 졌는데, 이는 <표 4-6>를 참
    조

적극적이기 어려웠을 것이다. 그러나 당시 북한은 김정일 체제의 안착으로 국내의 정치적 불안을 일정 수준 완화시킨 상태였기 때문에 외부와의 소통에 적극적일 수 있었을 것으로 판단된다. 따라서 Hufbauer et al.(2007)의 평가에 따라 북한의 정치적 상황은 1990년대 초반과 마찬가지로 불안정하다고 볼 수 있으나, 그 정도는 완화된 것으로 판단할 수 있다.

당시 북한의 경제상황을 살펴보면, 부시 행정부의 경제제재가 발의된 2002년 이전 5년 동안인 1997년부터 2001년까지 북한의 경제성장률은 평균 0.6%로서 여전히 낮은 수준에 머무르고 있었다.[232] 그러나 마이너스 경제성장률이 플러스로 전환되었다는 것은 악화 일로에 있던 경제상황이 호전되기 시작하였음을 의미하는 것이므로 경제적 불안정성은 완화된 것으로 평가할 수 있는 것이다.

북한의 식량 상황 역시 여전히 불안정한 상황에 놓여있었지만 그 정도는 완화된 것으로 평가된다. 우선 1999년부터 2001년까지 3년간 북한의 식량 수급현황을 살펴보면, 부족량이 1999년에는 55만 톤, 2000년에는 57만 톤, 2001년에는 38만 톤으로 여전히 적지 않았으나, 1992년 부족량 124만 톤, 1993년 부족량 103만 톤과 비교하면 절대적 부족량이 크게 감소하였다.

---

232) National Account Main Aggregates Database. http://unstats.un.org/unsd/snaama/resQu ery.asp (검색일 : 2012. 1. 7).

〈표 4-4〉 북한의 식량 수급 (1999-2001년)

(단위 : 만 톤)

	수요량	공급량	수입량	원조량	부족량
1999	475	342	21	57	55
2000	479	292	20	110	57
2001	496	366	10	82	38

자료 : FAO/WFP. *Special Report : FAO/WFP Food Supply Assessment Mission to the Democratic People's Republic of Korea.* FAO/WFP. 각 년도.

결국 Hufbauer et al.(2007)의 평가에 따라 북한은 경제적으로 여전히 불안정한 상황에 놓여있었다고 판단할 수 있으나, 그 정도는 완화된 것으로 평가하는 것도 가능할 것이다. 따라서 부시 행정부의 경제제재 당시 북한의 정치·경제 안정도를 '매우 불안정'인 1로 평가한 Hufbauer et al.(2007)의 측정이 타당한 것으로 평가할 수 있으나, '약간 불안정'인 2로 평가하는 것도 무리한 측정은 아니라고 판단된다.

한편 부시 행정부의 대북 경제제재 당시 북한에 대한 국제사회의 지원 유무가 2(국제사회 지원 유)로 측정된 것은 미국의 경제제재에도 불구하고 중국과 한국이 북한에 대한 경제적 지원을 지속했기 때문이다. Hufbauer et al.(2007)이 이러한 맥락을 자세히 소개하지 않았기 때문에 본 논문에서는 미국의 대북 경제제재 발의 이후 중국과 한국의 대북 경제지원을 자세히 살펴보고 Hufbauer et al.(2007) 측정치의 타당성을 논의한다.

먼저 2000년대 들어 중국은 북핵 문제 해결과정에서 이전과 달리 적극적인 중재자 역할을 통한 국제적 영향력 확대를 도모하고자 하였다.[233]

시기	방문인사	주요의제
2003. 8	우방궈 전인대의장	무상경제원조
2004. 4	김정일 국방위원장	중유 무상원조
2004. 9	리창춘 당 정치국상무위원	경제지원 논의
2004. 10	김영남 최고인민회의 상임위원장	경제원조, 6자회담 논의
2005. 2	왕자루이 당 대외연락부장	북중친선협조관계 강화발전 논의
2005. 3	박봉주 내각총리	북중투자협정체결
2005. 10	후진타오 국가주석	북중우호협력관계 강화, 경제원조
2006. 1	김정일 위원장	경협확대, 6자회담 입장조율

자료 : 전병곤. "중국의 북핵 문제 인식과 중북관계의 변화". 『중국학 연구』. No. 35. 2006. pp.271-272에서 발췌, 요약함.

이에 따라 2002년 10월 이후 중국은 북핵문제의 해결을 목적으로 수차례 북한과 접촉했다. 더욱이 2002년 북핵 위기에 대한 미국의 경제제재 발의에도 불구하고 중국은 대규모의 경제지원을 중단하지 않았다.

<표 4-5>는 미국의 경제제재가 발의된 이후 2003년부터 북한의 핵실험이 이루어진 2006년까지 기간 중 중국의 대북 경제원조가 합의된 사안들을 요약한 것이다. 2003년 이후 중국의 대북 지원을 살펴보는 것

---

233) 전병곤. "중국의 북핵 문제 인식과 중북관계의 변화". 『중국학 연구』. No. 35. 2006. p.265.

은 해당 지원이 미국의 대북 경제제재 이후의 지원이므로 미국의 대북 경제제재 효과에 영향을 미쳤을 것으로 판단되기 때문이다.

미국의 경제제재 발의 이후부터 2006년까지 4년 동안의 기간 동안 중국의 대북 지원을 살펴보면 2003년부터 꾸준히 증가하고 있었으며, 금액으로는 2003년에는 1,089만 달러, 2004년에는 1,456만 달러, 2005년에는 3,812만 달러, 2006년에는 3,736만 달러를 기록하였다.

〈그림 4-1〉 대북 경제제재 발의 이후 중국의 대북 지원 (2003-2006년)

(단위 : 천 달러)

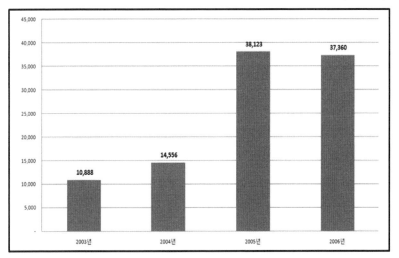

자료 : 조명철. "중국의 대북한 경제협력정책 변화와 전망". 『오늘의 세계경제』. Vol. 10. No. 38. 서울 : 대외경제정책연구원. 2010.

뿐만 아니라 이 기간 동안 한국과 국제사회 역시 북한에 대한 지원을 실시하였다. 물론 한국과 국제사회의 지원은 기본적으로 인도적 차원에 입각한 것이었지만, 미국이 경제제재가 발의하고 있는 상황에서 한국과 국제사회의 대북 지원은 북한에게 경제제재에 따른 충격을 완화시켜주었을 것이다. 즉, 클린턴 행정부의 경제제재 당시에는 국제사회의 원조가 전무하였던 것으로 파악되나, 2003-2006년의 기간에는 13억 7,705만 달러에 이르는 지원이 이루어졌으며 이는 같은 기간 북한 무역량인 112억 5,000만 달러의 12.24%에 해당하는 규모였다.234)

〈표 4-6〉 한국 및 국제사회의 대북 지원 (2003-2006년)

(단위 : 만 달러)

구분	2003	2004	2005	2006
국제사회	15,680	18,426	12,064	2,481
한국	15,763	25,612	21,254	27,987
합계	31,443	44,038	33,318	29,906

자료 : 통일부. 『통일백서』. 통일부. 2007. p.132.

따라서 부시 행정부의 경제제재 당시 북한의 준거점은 Hufbauer et al.(2007)에 따라 2로 판단할 수 있으며, 위에서 논의한 바와 같이 북한의 정치·경제 안정도가 증가했다고 측정하는 경우 4로 평가할 수도 있다.

부시 행정부의 대북 경제제재 당시 북한의 준거점
= 정치·경제 안정도 × 국제사회의 지원 유무

---

234) 한국은행 경제통계시스템. http://ecos.bok.or.kr/(검색일 : 2012. 1. 8).

$= (1 \text{ 혹은 } 2) \times 2$

$= 2 \text{ 혹은 } 4$

C. 준거점 변화 분석

Hufbauer et al.(2007)에 따르면, 클린턴 행정부의 경제제재 발의 당시 북한의 정치·경제 안정도는 1이며 국제사회 지원 유무는 1이므로 북한의 준거점은 1이 된다. 그리고 이러한 측정치는 앞서 구체적으로 살펴본 바와 같이 설득력이 있는 것으로 판단된다.

한편 Hufbauer et al.(2007)에 의한 부시 행정부의 경제제재 발의 당시 북한의 준거점은 2이다. 왜냐하면, 당시 북한의 정치·경제 안정도 점수와 국제사회 지원 유무의 점수는 각각 1과 2로 측정되기 때문이다. 그러나 이 책에서 구체적으로 분석한 바와 같이 부시 행정부의 경제제재 당시 북한의 준거점은 4로 평가할 수도 있다. 왜냐하면, 당시 북한의 정치·경제 안정도는 2로 측정할 수도 있기 때문이다.

〈표 4-7〉 준거점 변화

	클린턴 행정부의 경제제재	부시 행정부의 경제제재
정치·경제 안정성	1	1 혹은 2
국제사회 지원	1	2
준거점	1	2 혹은 4

주1 : 준거점의 최소값은 1이며, 최대값은 6임.
주2 : 준거점이 높을수록 정치·경제 안정도와 대외상황이 좋은 것이며, 낮을수록 정치·경제 안정도와 대외상황이 좋지 못한 것임을 의미함.

물론 이 책에서는 준거점의 변화 방향이 중요한 것이므로 준거점을 2 혹은 4로 측정하는 것이 논의 결과의 질적 차이를 초래하는 것은 아니다. 즉, 부시 행정부 경제제재 당시 북한의 정치·경제 안정도를 1로 평가하거나 2로 평가하거나 결과적으로 클린턴 행정부의 경제제재 발의 당시 북한의 준거점과 비교하여 준거점은 상승한 것으로 판단할 수 있기 때문이다.

2) 예상승률의 변화

북한의 대치 시 예상승률은 제3장에서 논의한 바와 같이 북한의 국력지수와 미국의 국력지수 측정값의 조합으로 도출되며, 최소값은 0.0001(매우 낮음), 최대값은 0.9999(매우 높음)를 가진다. 여기서 북한과 미국의 국력지수의 크기는 제3장과의 일관성 유지를 위해 EUGene의 COW에 나타난 수치를 인용한다.

EUGene의 COW에 의하면 클린턴 행정부의 대북 경제제재 당시 북한의 국력지수 및 미국의 국력지수는 각각 0.0131, 0.1527로 나타나 북한의 대치 시 예상승률은 0.5028가 된다. 한편 부시 행정부의 대북 경제제재 당시 북한의 국력지수 및 미국의 국력지수는 각각 0.0109, 0.1420로 나타나 북한의 대치 시 예상승률은 0.5074가 된다. 북한의 대치 시 예상승률의 측정 과정을 자세히 살펴보자.

A. 클린턴 행정부의 경제제재에 대한 북한의 예상승률 분석

클린턴 행정부의 경제제재에 대한 북한의 대치 시 예상승률은 COW

의 국력지수를 통해 측정한다. 먼저 북한의 국력지수를 측정해보자. 북
한의 경우 첫째, 1993년 당시 군사수는 110만 명이었으며, 국방비는 53
억 달러였다. 둘째, 북한의 인구는 2,138만 명이었는데, 이중 도시에 거
주하는 인구수는 764만 명이었던 것으로 파악된다. 셋째, 북한의 쇠
(iron)와 강철(steel)생산은 810만 톤이었으며, 당시 9,673만 톤에 해당하
는 석탄 에너지를 사용한 것으로 분석된다. 각각의 요소를 전 세계 국
가들의 규모에 대한 비율로 환산하여 1993년 최종 북한의 국력지수를
측정하면 0.0131이 된다.

한편 미국의 경우 첫째, 1993년 당시 군사수는 181만 명이었으며, 국
방비는 2,976억 달러였다. 둘째, 미국의 인구는 2억 5,813만 명이었는
데, 이중 도시에 거주하는 인구수는 6,607만 명이었던 것으로 파악된다.
셋째, 미국의 쇠(iron)와 강철(steel)생산은 8,879만 톤이었으며, 당시 44억
3,062만 톤에 해당하는 석탄 에너지를 사용한 것으로 분석된다. 각각의
요소를 전 세계 국가들의 규모에 대한 비율로 환산하여 1993년 최종
미국의 국력지수를 측정하면 0.1527이 된다.

〈표 4-8〉 북한과 미국의 국력지수 (1993년)

	군사수	국방비	인구	도시인구	쇠, 강철 생산량	에너지 소비량
북한	1,100	5,300,000	21,375	7,640	8,100	96,728
미국	1,810	297,600,000	258,132	66,072	88,793	4,430,624

세계	23,918	730,578,850	5,498,115	1,360,727	723,368	20,609,428

주1 : 군사 수는 천명, 국방비는 천 달러를 기준으로 함.
주2 : 인구, 도시 인구(인구 10만 명 이상의 도시)는 천명을 기준으로 함.
주3 : 쇠(iron)와 강철(steel) 생산량의 단위는 천 톤임.
주4 : 에너지 소비량은 석탄 천 톤 단위로 측정함.
자료 : EUGene의 COW 측정치를 이용하여 재구성함.

그러므로 북한의 국력지수는 0.0131, 미국의 국력지수는 0.1527로 측정되며, 이를 아래의 식에 대입하면 미국의 경제제재에 대한 북한의 대치 시 예상승률은 0.5028로 평가할 수 있다.

클린턴 행정부의 경제제재에 대한 북한의 대치 시 예상승률
= e^[(-2.131 × 미국의 국력지수) + (1.713 × 북한의 국력지수 + 0.314] /{1 + e^[(-2.131 × 미국의 국력지수) + (1.713 × 북한의 국력지수) + 0.314]}
= e^[(-2.131 × 0.1527) + (1.713 × 0.0131) + 0.314] /{1 + e^[(-2.131 × 0.1527) + (1.713 × 0.0131) + 0.314]}
= 0.5028

* 해당 국력지수는 1993년도의 수치임.

B. 부시 행정부의 경제제재에 대한 북한의 예상승률 분석

부시 행정부의 경제제재에 대한 북한의 대치 시 예상승률은 앞에서와 마찬가지로 COW의 국력지수를 통해 측정한다. 이를 위해 먼저 북한의 국력지수를 측정해보자. 북한의 경우 첫째, 2001년 당시 군사수는 108만 명이었으며, 국방비는 20억 4,900만 달러였다. 둘째, 북한의 인구는 2,315만 명이었는데, 이중 도시에 거주하는 인구수는 843만 명이었던 것으로 파악된다. 셋째, 북한의 쇠(iron)와 강철(steel)생산은 30만 톤이었으며, 당시 3,189만 톤에 해당하는 석탄 에너지를 사용한 것으로 분석된다. 각각의 요소를 전 세계 국가들의 규모에 대한 비율로 환산하여 2001년 최종 북한의 국력지수를 측정하면 0.0109이 된다.

한편 미국의 경우 첫째, 2001년 당시 군사수는 137만 명이었으며, 국방비는 3,223억 6,500만 달러였다. 둘째, 미국의 인구는 2억 8,511만 명이었는데, 이중 도시에 거주하는 인구수는 7,642만 명이었던 것으로 파악된다.

〈표 4-9〉 북한과 미국의 국력지수 (2001년)

	군사수	국방비	인구	도시인구	쇠, 강철 생산량	에너지 소비량
북한	1,082	2,049,000	23,149	8,433	300	31,887
미국	1,368	322,365,000	285,112	76,419	90,104	5,224,415
세계	20,414	851,653,000	6,099,412	1,960,644	850,550	24,312,730

주1 : 군사 수는 천명, 국방비는 천 달러를 기준으로 함.
주2 : 인구, 도시 인구(인구 10만 명 이상의 도시)는 천명을 기준으로 함.
주3 : 쇠(iron)와 강철(steel) 생산량의 단위는 천 톤임.
주4 : 에너지 소비량은 석탄 천 톤 단위로 측정함.
자료 : EUGene의 COW 측정치를 이용하여 재구성함.

셋째, 미국의 쇠(iron)와 강철(steel)생산은 9,010만 톤이었으며, 당시 52억 2,442만 톤에 해당하는 석탄 에너지를 사용한 것으로 분석된다. 각각의 요소를 전 세계 국가들의 규모에 대한 비율로 환산하여 2001년 최종 미국의 국력지수를 측정하면 0.1420이 된다.

결국 북한과 미국의 국력지수가 각각 0.0109, 0.1420로 측정되었기 때문에 미국의 경제제재에 대한 북한의 대치 시 예상승률은 아래의 방법에 따라 0.5074가 판단된다.

부시 행정부의 경제제재에 대한 북한의 대치 시 예상승률
= e^[(-2.131 × 미국의 국력지수) + (1.713 × 북한의 국력지수 + 0.314] /{1 + e^[(-2.131 × 미국의 국력지수) + (1.713 × 북한의 국력지수) + 0.314]}
= e^[(-2.131 × 0.1420) + (1.713 × 0.0109) + 0.314] /{1+e^ [(-2.131 × 0.1420) + (1.713 × 0.0109) + 0.314]}
= 0.5074

* 해당 국력지수는 2001년도의 수치임.

C. 예상승률 변화 분석

클린턴 행정부의 경제제재 발의 당시 북한의 대치 시 예상승률은 0.5028로 측정되며, 만약 해당 확률이 과소평가되었다면, 0.4566일 것으로 분석할 수 있다. 이는 당시 북한의 국력지수가 0.0131, 미국의 국력지수는 0.1527로 측정되었기 때문이다.

	클린턴 행정부의 경제제재	부시 행정부의 경제제재
북한의 국력지수	0.0131	0.0109
미국의 국력지수	0.1527	0.1420
대치 시 예상승률	0.5028(0.4566)	0.5074(0.4597)

주 : ()의 값은 해당 승률이 과소평가된 경우의 수치임.

　한편 부시 행정부의 경제제재 발의 당시 북한의 대치 시 예상승률은 0.5074으로 추정되며, 만약 해당 확률이 과소평가되었다면, 0.4597일 것으로 예상할 수 있다. 왜냐하면 2차 북핵 위기가 시작될 당시 북한의 국력지수는 0.0109, 미국의 국력지수가 0.1420으로 측정되었기 때문이다.

　위 분석에 따르면, 클린턴 행정부의 경제제재에 대한 북한의 대치 시 예상승률 보다 부시 행정부의 경제제재에 대한 승률이 높아졌음을 알 수 있다. 북한의 대치 시 예상승률이 높아진 원인은 부시 행정부의 국력지수가 클린턴 행정부의 국력지수 보다 감소하였는데, 같은 기간 동안 북한의 국력지수는 증가하였기 때문이다. 그러나 북한의 대치 시 예상승률이 증가하였다 하더라도 해당 시기 미국의 국력지수는 북한의 국력지수의 각각 11.7배, 13.0배에 달했었기 때문에 승률의 증가 정도는 0.0046(승률이 과소평가되었을 경우, 0.0031)으로 미미했으며, 따라서 승률의 변화는 거의 없었다고 볼 수 있다.

3) 예상비용 변화

북한의 대치 시 예상비용은 제3장에서 논의한 바와 같이 자국의 대미 무역 연관성과 미국의 경제제재에 대한 군사위협의 동반 유무의 조합으로 결정되며, 해당 값은 1(매우 낮음) 이상 8(매우 높음) 이하의 크기를 가진다. 여기서 북한의 대미 무역 연관성은 북한의 대외무역을 추정해 놓은 KOTRA의 자료 등을 사용하여 측정할 것인데, 이는 Hufbauer et al.(2007)의 자료가 구체적인 과정 없이 무역 연관성을 최종 %로만 제시하고 있기 때문이다. 한편 미국의 경제제재에 대한 군사위협의 동반 유무는 Hufbauer et al.(2007)의 측정치를 사용한다.

여기서 클린턴 행정부의 경제제재 당시 북한의 대치 시 예상비용은 2가 되는데, 이는 북한의 대미 무역연관성 1과 미국의 대북 경제제재에 대한 군사위협의 동반유무 2의 곱에 의해 도출된 것이다. 마찬가지로 부시 행정부의 경제제재에 대한 북한의 대치 시 예상비용도 2가 되는데, 이 또한 북한의 대미 무역 연관성 1과 군사위협 동반유무 2의 곱에 의해 측정된 것이다. 북한의 대치 시 예상비용에 대한 구체적인 측정과정을 살펴보자.

A. 클린턴 행정부의 경제제재에 대한 북한의 예상비용 분석

클린턴 행정부의 경제제재에 대한 북한의 대치 시 예상비용을 측정하기 위해 첫째, 클린턴 행정부의 대북 경제제재 당시 북한의 대미 무역 연관성을 살펴보자. 1990년대 초 북한은 사회주의 국가들의 붕괴로 급격한 대외무역 감소를 경험하고 있었다. 북한의 1991년 수출입 규모는 27억 2,000만 달러로 1990년 무역 규모와 비교해 34.8% 감소되었으며, 1992년과 1993년에도 북한의 무역 규모는 전년 대비 마이너스 성장을 보였다. 1992년 북한의 총 수출액은 10억 3,000만 달러, 총 수입액은 16억 3,000만 달러로 무역 총액은 26억 6,000만 달러였으며, 1993년 북한의 총 수출액은 10억 2,000만 달러, 총 수입액은 16억 2,000만 달러로 무역 총액은 26억 4,000만 달러였다.

〈표 4-11〉 북한의 대외무역 및 대미 무역 규모 (1990-1993년)

	1990	1991	1992	1993
총 수출 (백만 달러)	1,960	1,010	1,030	1,020
대미 수출 (천 달러)	0	11	0	0
총 수입 (백만 달러)	2,760	1,710	1,630	1,620
대미 수입 (천 달러)	32	100	467	1,979

자료 : 한국은행 경제통계시스템; 대외경제정책연구원. 『2002 북한경제백서』. 서울 : 대외경제정책연구원. 2002. p.55.

같은 시기 북미간의 무역 규모는 매우 미미한 수준에 불과했다. 1991년 북한의 대미 수출은 1만 1,000 달러였으며, 수입은 10만 달러였다. 1992년 북한의 대미 수출은 전무하였고, 대미 수입은 46만 7,000 달러에 불과했던 것으로 보인다. 마지막으로 1993년 북한의 대미 수출은 0

이었으며, 대미 수입은 197만 9,000 달러였다.

<표 4-11>을 바탕으로 북한의 대미 무역 연관성을 측정해보면, 1991년은 0.0029%(수출 0.0011%, 수입 0.0058%), 1992년은 0.0144%(수출 0%, 수입 0.0287%), 1993년은 0.0611%(수출 0%, 수입 0.1222%)임을 알 수 있다. 따라서 클린턴 행정부의 경제제재 당시 북한과 미국 간의 무역 연관성은 0.0261%이 된다. 두 국가 간 무역 연관성이 낮음(1% 이하)으로 평가되기 때문에 1로 측정된 것이다.

둘째, 클린턴 행정부의 대북 경제제재에는 군사위협이 동반되었던 것으로 분석된다.[235] 클린턴 행정부의 경제제재가 사후적으로 군사위협을 동반한 것은 아니었다. 그러나 미국은 경제제재를 발의한 6월보다 이전인 2월 말 이미 한국에 패트리어트 미사일을 배치[236]한다는 발표를 통해 북한에 대한 군사위협의 수위를 높이고 있었으며, 실제 4월에는 한국에 페트리어트 미사일을 배치하였다. 뿐만 아니라 미국은 북한과의 협상이 난항을 거듭하자 경제제재와 동반된 UN 군사제재 및 영변에 대한 폭격 등을 실제로 준비하고 있었는데, 이러한 상황을 협상과정을 통해 북한에게 알려 위협의 강도를 높이기도 하였다.[237] 이를 근거로 클린턴 행정부의 대북 경제제재에는 군사위협이 동반되었던 것으로 판

---

235) Hufbauer et al. *Economic Sanctions Reconsidered 3rd edition*. Washington, DC : Peterson Institute of International Economics. 2007. Case Histories and Data No. 93-1.

236) 미국의 페트리어트 미사일 배치에 대하여 북한은 매우 심각한 위협을 인지하였는데, 이는 다음을 통해 구체적으로 드러남. 「미국이 끝내 신형미싸일 배비를 단행한다면 엄중한 후과를 초래하게 될 것이다. 조선민주주의인민공화국 외무성대변인 성명」. 『로동신문』. 1994. 3. 28; 「미제와 김영삼괴뢰도당의 <<패트리오트>>미싸일 배비책동을 준렬히 규탄한다. 평양시군중집회 진행」. 『로동신문』. 1994. 3. 30.

237) Wit, Joel, Daniel Poneman and Robert Gallucci. 김태현 역. 『북핵 위기의 전말』. 서울 : 모음북스. 2004. p.65.

단할 수 있다.

따라서 북한의 대미 무역연관성과 미국의 대북 경제제재에 대한 군사위협의 동반유무를 고려하여 북한의 대시 치 예상비용은 2가 된다.

클린턴 행정부의 경제제재에 대한 북한의 대치 시 예상비용
= 북한과 미국의 무역 연관성 × 군사위협 동반 유무
= 1 × 2
= 2

B. 부시 행정부의 경제제재에 대한 북한의 예상비용 분석

부시 행정부의 경제제재에 대한 북한의 대치 시 예상비용을 측정하기 위해 첫째, 부시 행정부의 대북 경제제재 당시 북한의 대미 무역 연관성을 파악해 보자. 북한의 대외 무역 규모는 1995년 -2.3%, 1996년 -3.7%. 1998년 -33.8% 등의 성장률을 보이다가 1999년 2.6%를 시작으로 2000년 33.0%, 2001년 15.3%를 기록했다.

〈표 4-12〉 북한의 대외무역 및 대미 무역 규모 (1998-2001년)

	1998	1999	2000	2001
총 수출 (백만 달러)	559	515	556	650
대미 수출 (천 달러)	0	29	0	26
총 수입 (백만 달러)	883	965	1,413	1,620

대미 수입 (천 달러)	4,454	11,265	2,491	650

자료 : KOTRA. 『2006 북한의 대외무역 동향』. 서울 : KOTRA. 2007. p.5.

즉, 1990년 중반 이후 북한의 무역규모는 감소추세는 2000년을 전후하여 증가세로 돌아섰다. 1999년 북한의 총 수출액은 5억 1,500만 달러, 총 수입액은 9억 6,500만 달러로 무역 총액은 14억 8,000만 달러였으며, 2000년 북한의 총 수출액은 5억 5,600만 달러, 총 수입액은 14억 1,300만 달러로 무역 총액은 19억 6,900만 달러였다. 한편 2001년 북한의 총 수출액은 6억 5,000 달러, 총 수입액은 16억 2,000만 달러로 무역 총액은 22억 7,000만 달러였던 것으로 나타났다.

같은 시기 북미간의 무역 규모를 살펴보자. 1999년 북한의 대미 수출은 2만 9,000 달러였으며, 수입은 96만 5,000 달러였으며, 2000년 북한의 대미 수출은 전무하였고, 대미 수입은 55만 6,000 달러였다. 한편 2001년 북한의 대미 수출은 2만 6,000 달러였으며, 대미 수입은 65만 달러였다.

<표 4-12>을 바탕으로 북한과 미국 간의 무역 연관성을 측정해보면, 1999년은 0.5865%(수출 0.0056%, 수입 1.1674%), 1992년은 0.0882%(수출 0%, 수입 0.1763%), 1993년은 0.0221%(수출 0.004%, 수입 0.0410%)임을 알 수 있다. 따라서 북한과 클린턴 행정부의 경제제재 당시 미국 간의 무역 연관성은 0.2323%이며, 이는 두 국가 간 무역 연관성이 낮음(1% 이하)을 의미하기 때문에 무역연관성 지수는 1이 된다.

부시 행정부의 경제제재 또한 클린턴 행정부의 경제제재와 마찬가지

로 군사위협과 함께 발의되었다.[238] 제네바 합의 이후 팀스피리트 훈련
은 중단되었었지만 당시 한국과 미국은 1961년부터 매년 가을 연례적
으로 실시되어 왔던 독수리 연습(Foal Eagle)을 2002년부터 연합전시증
원연습(RSOI)과 통합하여 매년 봄에 실시하고 있었다. 2002년 말 이후
발의된 경제제재와 더불어 2003년 이후 실시된 동 훈련에 대해 북한은
매우 심각한 위협을 느끼고 있었던 것으로 추정된다.[239]

결과적으로 부시 행정부의 대북 경제제재에 대한 북한의 대시 치 예
상비용은 대미 무역연관성과 미국의 대북 경제제재에 대한 군사위협의
동반유무를 고려하여 2로 측정한다.

부시 행정부의 경제제재에 대한 북한의 대치 시 예상비용
= 북한과 미국의 무역 연관성 × 군사위협 동반 유무
= 1 × 2
= 2

C. 예상비용 변화 분석

위 분석에 따르면, 클린턴 행정부의 경제제재에 대한 북한의 대치 시
예상비용은 2이다. 그런데, 부시 행정부의 경제제재에 대한 북한의 대

---

238) Hufbauer et al. *Economic Sanctions Reconsidered 3rd edition*. Washington, DC : Peterson
    Institute of International Economics. 2007. Case Histories and Data No. 93-1.
239) 「미제의 횡포무도한 대조선적대시압살정책은 파탄을 면할수 없다」. 『로동신문』.
    2002. 12. 14; 「제2핵위기사태를 몰아 온 미국의 범죄적흉계」. 『로동신문』. 2003. 3.
    22; 「미국방성 부장관의 <경제압력>발언을 규탄」. 『로동신문』. 2003. 6. 4; 「무모
    한 전쟁광기」. 『로동신문』. 2006. 9. 14; 「정세를 폭발국면으로 몰아가는 불장난나
    가자」. 『로동신문』. 2006. 10. 24.

치 시 예상비용 또한 2로 측정되었다.

<표 4-13> 예상비용 변화

	클린턴 행정부의 경제제재	부시 행정부의 경제제재
무역 연관성	1	1
군사위협 동반 유무	2	2
대치 시 예상비용	2	2

주: 대치 시 예상비용의 최소값은 1이며, 최대값은 8임.

이는 클린턴 행정부의 경제제재 당시와 부시 행정부의 경제제재 당시, 북한의 전체 무역규모 중 대미 무역규모는 매우 작았으며, 두 행정부 모두 경제제재에 군사위협을 동반하고 있었기 때문이다. 따라서 클린턴 행정부과 부시 행정부의 경제제재에 대한 북한의 대치 시 예상비용은 모두 높지 않은 수준이었던 것으로 측정되며, 두 기간의 대치 시 비용은 변화되지 않은 것으로 분석할 수 있다.

4) 의사결정 변화

북한의 의사결정이란 미국의 경제제재를 수용할 것인가 혹은 경제제재에 저항할 것인가에 대한 선택을 의미한다. 여기서 북한이 경제제재를 수용하는 의사결정을 내린다면 미국의 경제제재의 효과는 높게, 북한이 경제제재에 저항하는 의사결정을 내린다면 미국의 경제제재의 효과는 낮게 관찰될 것이다. 그러므로 북한의 의사결정은 시기별 미국의 대북 경제제재의 효과를 측정함으로써 분석될 수 있다.

미국의 대북 경제제재의 효과는 북한의 정책변화 정도, 북한의 정책 변화에 대한 미국 경제제재의 기여도, 경제제재 요구사항 등 세 지수의 크기를 조합하여 측정한다. 북한사례에 대한 각 지수들의 크기는 Hufbauer et al.(2007)을 바탕으로 한다.

Hufbauer et al.(2007)에 의하면 클린턴 행정부의 대북 경제제재에 대한 북한의 의사결정은 즉, 클린턴 행정부의 대북 경제제재 효과는 정책 변화 정도, 경제제재 기여도, 경제제재 요구사항이 각각 3, 3, 2로 측정되어[240] 18로 평가된다. 반면 부시 행정부의 대북 경제제재에 관해서는 정책변화 정도, 경제제재 기여도, 경제제재 요구사항이 각각 1, 1, 2로 측정되어[241] 2로 평가된다. 따라서 미국의 경제제재에 대한 북한의 저항은 더욱 강해진 것으로 분석할 수 있다.

여기서 Hufbauer et al.(2007)의 측정 결과는 연구자들의 맥락적 판단에 의존한다고 명시되어 있다. 때문에 구체적인 상황에 대한 분석을 통해 Hufbauer et al.(2007)의 측정의 타당성을 살펴보도록 한다.

A. 클린턴 행정부의 경제제재에 대한 북한의 의사결정 분석

앞서 언급하였듯이 Hufbauer et al.(2007)에 의하면 클린턴 행정부의 대북 경제제재에 대한 북한의 의사결정은 정책변화 정도, 경제제재 기

---

240) Hufbauer et al. *Economic Sanctions Reconsidered 3rd edition*. Washington, DC : Peterson Institute of International Economics. 2007. Case Histories and Data No. 93-1.

241) Hufbauer et al. *Economic Sanctions Reconsidered 3rd edition*. Washington, DC : Peterson Institute of International Economics. 2007. Case Histories and Data No. 93-1.

여도, 경제제재 요구사항이 각각 3, 3, 2로 측정되어 18로 평가된다.

클린턴 행정부의 경제제재의 효과는 첫째, 북한의 정책변화 정도를 통해 측정된다. 1차 북핵 위기 당시 미국의 경제제재는 북한에게 단기적으로는 IAEA의 대북사찰을 허용할 것을 강제하고 있었으며, 장기적으로는 NPT 체제 복귀 및 핵 동결을 요구하고 있었다.[242] 그런데 제네바 합의문에 따르면, 북한은 NPT 당사국으로 잔류하며, 동 조약의 안전조치협정 이행을 허용할 것과 비동결 대상에 대한 사찰 허용을 약속했다. 이에 대하여 클린턴 행정부는 제네바 합의가 국제비확산체제의 강화와 한반도 및 동북아의 안정을 향한 중요한 진전이며, 무엇보다도 북한으로부터 흑연감속로 프로그램의 동결과 해체를 약속받은 것은 기존 NPT 체제를 뛰어넘는 외교적 승리라는 입장이었다. 특히, 회담에 직접 참여한 미국의 갈루치 차관보는 "1993년 6월 협상이 시작되었을 때는 누구도 바라지 못했던 것을 성취했다"고 자부하였다.[243] 그는 회담 후 기자회견장에서 미국 정책의 우선 목표는 "북한이 향후 5년 동안 수백 킬로그램의 플루토늄을 생산하여 수십 개의 핵폭탄을 제조할 수 있는 상황을 막는데 있다"고 설명하고, 제네바 합의를 통해 이 문제를 해결했다고 보고하였다.[244] Mazarr(1996) 또한 1994년 북미 제네바 합의가 미국 경제제재의 초기 목적, 즉 핵확산 금지라는 목적을 달성시킨 것으로 평가하고 있다.[245]

---

242) Sigal, Leon. *Disarmed Strangers : Nuclear Diplomacy with North Korea.* Princeton : Princeton University Press. 1997. pp.100-101.

243) Wit, Joel, Daniel Poneman and Robert Gallucci. 김태현 역. 『북핵 위기의 전말』. 서울 : 모음북스. 2004. p.399.

244) Wit, Joel, Daniel Poneman and Robert Gallucci. 김태현 역. 『북핵 위기의 전말』. 서울 : 모음북스. 2004. p.399.

그러나 제네바 합의의 성공 여부는 수년 내지 10여년 이상이 지나봐야 알 수 있다는 의견과 인출된 연료봉의 해외반출이나 핵시설의 즉각 해체는 합의문과 무관한 것이었기 때문에 북한의 제네바 합의 수용을 성공적인 정책변화 유도로 보기는 어렵다는 견해도 병존했었다.246) 합의문에 따르면, 북한은 경수로가 완성되기 전에는 핵시설을 동결할 뿐 해체하지 않음으로써 필요시 합의를 저버리고 핵무기 개발을 재개할 수도 있는 것이었다. 이러한 부정적인 평가의 요소들을 반영하여 Hufbauer et al.(2007)이 미국의 대북 경제제재의 정책변화 항목에 3을 부여한 것은 비교적 타당한 것으로 판단된다.

둘째, 미국의 대북 경재재재의 북한 정책변화에의 기여 정도를 살펴보자. 이는 북한의 제네바 합의 수용에 클린턴 행정부의 경제제재가 유의미한 영향을 끼쳤는가를 분석해봄으로써 알 수 있다. 1993년 북한이 NPT 탈퇴 선언으로 1차 북핵 위기가 발생하자, 미국은 북한에 대해 경제제재를 경고하였다. 북한은 미국의 이와 같은 위협에 대해 강경 발언과 강경 행위로 대응했다.247) 북한은 "만일 ≪제재≫와 같은 부당한 압

---

245) 마이클 마자르. 김태규 역. 『북한 핵 뛰어 넘기』. 서울 : 홍림문화사. 1996. p.293.

246) 『New York Times』. 1994. 10. 23.

247) "미국이 정치 군사적으로 우리에 대한 압력과 위협공갈을 계속하면서 ≪경제제재≫의 도수를 높였다≫이렇게 함으로써 미국은 우리나라가 다른 나라들과의 상업거래에서 미딸라로 대금결제하지 못하게 하고 있으며 심지어는 우리 대외대표부들에도 미딸라를 송금할 수 없게 하고 있다… 그 어떤 ≪경제제재≫도 우리 인민 앞에서는 절대로 맥을 출 수 없다… 자체의 힘과 기술, 자체의 원료원천에 의거하고 있는 우리의 자립적민족경제는 또한 얼마나 튼튼한가. 세차게 이는 세계적인 경제파동에도 끄떡하지 않는 우리의 자립적민족경제를 그 어떤 ≪제재≫로 흔들어보려는 것은 천진란만한 생각이라고나 해야 할 것이다. 우리 인민은 적들의 그 어떤 ≪경제제재≫도 두려워하지 않는다." 「그 어떤 제재도 통할 수 없다」. 『로동신문』. 1993. 3. 30.

력을 가해나선다면 우리 인민은 결코 가만히 앉아서 보고만있지 않을 것"248)이라며 강경한 입장을 취하고 있었다. 강경 발언과 함께 북한은 노동 1호 미사일을 시험 발사하였으며, 사용 후 연료봉 인출로 과거 핵 활동 검증을 불가능 하도록 조치하는 강경 행동으로 경제제재 위협에 대응했다.

이러한 북한의 대응에 미국은 북한을 단순히 위협하는 것에서 벗어나 구체적이고 즉각적인 제재 발의를 경고하였다. 1994년 6월 미국은 30일 후 개발원조 중단, 무기수출 금지, 체육 문화 교류 및 지원 금지가 취해질 것을 북한에게 알렸다. 만약 이러한 제재 경고에도 불구하고 북한이 IAEA 사찰에 협조하지 않을 경우, 무역 및 금융거래의 전면금지가 발효될 것이라는 추가적인 조치도 함께 발의되었다. 경제제재가 현실화되자 북한은 미국의 경제제재를 비난하는 발언을 지속하면서도 위협적인 대응행위는 취하지 않았다.249) 동시에 미국과의 협상에 대한 필요성을 강조하기 시작했다. 이러한 갈등의 국면은 1994년 제네바 합의로 마무리 되었다. 따라서 미국의 경제제재는 북한을 제네바 합의에 참여하도록 유도하는데 중요한 영향을 미쳤으며 이에 Hufbauer et al.(2007)이 경제제재 기여 정도를 3으로 측정한 것은 적절한 것으로 판단된다.

셋째, 북한의 정책변화를 설명하면서 언급하였듯이 미국의 경제제재는 북한에게 단기적으로는 IAEA의 대북사찰을 허용할 것을 강제하고 있었으며, 장기적으로는 NPT 체제 복귀 및 핵 동결을 요구하고 있었

248) 「절대로 용납하지 않을 것이다」. 『로동신문』. 1993. 5. 14.
249) Drezner, Daniel. *The Sanctions Paradox*. Cambridge : Cambridge University Press. 1999. p.281.

다. 즉, 미국 경제제재의 목적은 북한의 군사적 잠재력의 손상인 것으로 판단되며, 이러한 측면에서 Hufbauer et al.(2007)은 경제제재 요구사항의 항목을 2로 평가한 것은 타당하다.

따라서 클린턴 행정부의 대북 경제제재 효과는 북한의 정책변화, 정책변화에 대한 경제제재의 기여도 및 경제제재의 요구사항을 고려하여 18로 측정한다.

클린턴 행정부의 대북 경제제재의 효과
= 북한의 정책변화 정도 × 경제제재의 기여도 × 경제제재 요구사항
= 3 × 3 × 2
= 18

B. 부시 행정부의 경제제재에 대한 북한의 의사결정 분석

부시 행정부의 대북 경제제재에 관해서는 정책변화 정도, 경제제재 기여도, 경제제재 요구사항이 각각 1, 1, 2로 측정되어 2로 평가된다.

부시 행정부의 경제제재의 효과가 2로 분석된 구체적인 맥락은 첫째, 북한의 정책변화 정도를 통해 알 수 있다. 북핵 문제는 북한의 HEU 개발 계획의 시인으로 2막을 올리게 되었다. 이에 대해 부시 행정부는 즉각적으로 중유공급을 중단하였다. 부시 행정부의 경제제재에 동반되었던 미국의 요구사항은 단기적으로는 HEU 개발 의혹을 해소하는 것이었으며, 장기적으로는 CVID 즉 완전하고, 검증가능하며, 돌이킬 수 없는 핵 폐기였다.[250] 미국이 중유공급을 중단하자, 북한은 제네바 합의

---

250) Kelly, James. "United States to North Korea : We Now Have a Pre-Condition." Yale

의 파기의 책임을 미국에게 돌리면서 매우 강경한 태도로 이를 비난했다.[251] 이후 북한은 12월 12일 핵동결 해제, 22일 5MWe 원자로 봉인 감시카메라 제거, 12월 31일 IAEA 사찰관 추방, 2003년 1월 NPT 탈퇴성명 등으로 강경하게 미국의 경제제재에 저항[252]하면서 미국의 경제제재를 '더러운 정치적 목적 달성을 위한 제국주의자들의 침략수법'이라고 비난하였다.[253]

북핵 문제가 해결의 기미를 보이지 않자, 미국은 2004년 11월 26일 KEDO 경수로 사업의 1년 중단의 경제제재를 추가로 발의했다. 이에 북한은 "제국주의자들은 사회주의나라들을 비롯한 혁명력량을 파괴말살하려는 그 어떤 수단과 방법도 가리지 않고 있다"며 미국의 행동을 강력하게 비난하였다.[254] 이후 2005년 2월 10일 북한은 핵보유를 선언하였다.

Global Online. Dec. 12. 2002.
http://yaleglobal.yale.edu/content/united-states-north-korea-we-now-have-pre-condition.
chadwyck.com/home.do (검색일 : 2012. 8. 29).

251) "우리는 지난기간 미국의 핵위협이 계속되는 어려운 조건에서도 합의문리행을 위하여 고도의 자제력과 인내성을 발휘하여 왔다. 그러나 미국은 우리에 대한 중유제공을 중단하였고, 우리에게 <선핵포기>를 더욱 강요함으로써 우리를 무장해제시켜 우리 제도를 없애 버리려는 기도를 보다 명백히 드러내보이고 있다…우리 인민과 인민군대는 날로 더욱 로골화되는 미국의 대조선적대시정책에 대처하여 자위적 국방력을 일층 강화할 것이며 우리의 자주권과 생존권을 침해하는 침략자들에 대해서는 무자비한 타격을 가할 것이다." 「미제의 강경에는 초강경으로 대응」. 『로동신문』. 2002. 12. 22.

252) Haggard, Stephan and Marcus Noland. "Engaging North Korea : the Efficacy of Sanctions and Inducements." in Etel Solingen ed. *Sanctions, Statecraft, and Nuclear Proliferation*. Cambridge : Cambridge University Press. p.232.

253) 「미국의 모략과 봉쇄는 통하지 않는다」, 『로동신문』. 2003. 6. 25; 김복덕. "진보적 나라들에 대한 제국주의적경제제재책동의 악랄성". 『경제연구』. 2002년 1호. 2002.

254) 「미국방성 부장관의 <경제압력>발언을 규탄」. 『로동신문』. 2003. 6. 4; 「미국의 반공화국경제제재정책의 반동성과 악랄성」. 『로동신문』. 2005. 2. 5.

2005년 9월 제4차 2단계 6자회담에서는 9·19 성명이 도출되었으나, 구체적인 행동절차가 논의되어야 하는 상황에서 미 재무부의 대북 경제제재 발의가 알려지게 되었다. 자국의 해외자금이 장기간 동결되고 핵문제가 장기적 교착상태에 이르자 결국 북한은 2006년 10월 9일 핵실험을 강행함으로써 2차 북핵 위기의 해결은 어려움에 봉착하게 되었다. 결국 북한으로 하여금 완전하고, 검증가능하며, 돌이킬 수 없는 핵폐기를 도출하겠다는 부시 행정부의 목적은 달성되지 못한 것으로 분석되며,[255] 따라서 미국의 대북 경제제재는 목적 달성에 실패한 것으로 평가할 수 있다. 이에 Hufbauer et al.(2007)은 정책변화 정도를 1로 측정한 것은 타당한 것으로 판단된다.

둘째, 미국은 자국의 요구사항을 관철시키기 위해 지속적으로 경제제재를 강화시켜 나갔으나, 해당 제재들은 북한의 저항을 격화시켰[256]을 뿐 북한으로부터 어떠한 양보도 얻어내지 못했기 때문에 부시의 경제제재는 북한의 정책변화에 부정적 영향을 미친 것으로 판단할 수 있다. 2005년 북한이 핵실험을 감행함으로써 미국의 경제제재는 북한에 대한 잠재적 군사력 손상에 부정적 영향을 끼쳤음이 더욱 확실해 진 것으로 평가되기 때문에 미국의 경제제재가 북한의 정책변화에 부정적 기여를 했을 것으로 평가하였을 것이며, 이에 Hufbauer et al.(2007)이 경제제재 기여 정도를 1로 평가한 것은 적절하다.

---

255) 찰스 프리처드. 김연철·서보혁 역. 『실패한 외교』. 파주: 사계절. 2008. p.231.
256) "우리는 미국이 빼앗아간 돈은 꼭 계산할 것이다… 미국이 우리를 계속 적대시 하면서 압박도수를 더욱더 높여나간다면 우리는 자기의 생존권과 자주권을 지키기 위하여 부득불 초강경조치를 취할 수밖에 없게 될 것이다." 「외무성대변인 성명」. 『조선중앙통신』. 2006. 6. 1.

셋째, 클린턴의 경제제재와 마찬가지로 부시의 대북 경제제재는 핵비확산 정책의 일환으로 그 목적은 군사적 잠재력의 손상인 것으로 볼 수 있다. 왜냐하면 부시 행정부의 경제제재에 동반되었던 미국의 요구사항은 단기적으로는 HEU 개발 의혹을 해소하는 것이었으며, 장기적으로는 CVID 즉 완전하고, 검증가능하며, 돌이킬 수 없는 핵 폐기기 때문이다. 따라서 Hufbauer et al.(2007)이 미국의 대북 경제제재에 대한 요구사항을 2로 측정한 것은 타당하다.

따라서 부시 행정부의 대북 경제제재 효과는 북한의 정책변화, 정책변화에 대한 경제제재의 기여도 및 경제제재의 요구사항을 고려하여 2로 측정된 것이다.

> **부시 행정부의 대북 경제제재의 효과**
> = 북한의 정책변화 정도 × 경제제재 기여도 × 경제제재 요구사항
> = 1 × 1 × 2
> = 2

C. 의사결정 변화 분석

경제제재의 효과가 1에 가깝다는 것은 북한이 미국의 경제제재에 대하여 매우 강하게 저항한다는 것을 의미하며, 경제제재의 효과가 32에 가깝다는 것은 북한은 미국의 경제제재에 대하여 매우 약하게 저항한다는 것을 뜻한다. 클린턴 행정부의 경제제재 효과가 18로 측정되었으므로 당시 미국의 경제제재에 대한 북한의 의사결정은 비교적 약한 저항의 성격을 가지고 있었던 것으로 분석할 수 있다. 반면, 부시 행정부

의 경제제재의 효과는 2로 측정되었으므로 당시 미국의 경제제재에 대한 북한의 의사결정은 비교적 강한 저항의 성격을 가지고 있었던 것으로 분석된다.

따라서 부시 행정부의 대북 경제제재의 효과는 클린턴 행정부의 대북 경제제재의 효과와 비교하여 감소한 것임을 알 수 있다. 이는 미국의 경제제재에 대한 북한의 저항이 증가하였음을 의미하는 것이다.

〈표 4-14〉 미국의 대북 경제제재의 효과 변화

	클린턴 행정부의 경제제재	부시 행정부의 경제제재
정책변화 정도	3	1
기여 정도	3	1
요구사항 가중치	2	2
경제제재 효과 지수 (경제제재에 대한 의사결정)	18	2

주1 : 경제제재 효과 지수의 최소값은 1이며, 최대값은 32임.
주2 : 경제제재 효과 지수 값이 클수록 대상국은 발의국에게 우호적인 의사결정을 내린 것을 의미하며, 작을수록 발의국에게 적대적인 의사결정을 내린 것을 의미함.

4. 북한의 도전에 대한 이해

미국은 1차와 2차 북핵 위기의 발생에 따라 대북 경제제재를 발의하였으며, 북한은 클린턴 행정부의 경제제재 보다 부시 행정부의 경제제재에 대하여 더 강력하게 저항하였다. 이상에서는 전망이론 모델을 이용하여 유사한 미국의 경제제재에 대해 북한의 대응, 즉 의사결정이 상이하게 나타나게 된 요인들을 분석하였다. 분석 결과는 다음의 <표 4-15>와 같이 요약되며, 각 요인들의 변화는 <그림 4-2>와 같이 나타낼 수 있다.

〈표 4-15〉 북한의 의사결정과 요인의 변화

		클린턴 행정부의 경제제재	부시 행정부의 경제제재
북한의 의사결정		약한 저항(제네바 합의)	강한 저항(핵실험)
준거점	정치·경제 안정도	매우 불안 (사회주의 붕괴에 따른 정치불안, 마이너스 성장률)	매우 불안 혹은 약간 불안 (김정일 후계체제 확립, 플러스 성장으로 전환)
	국제사회 지원유무	국제사회의 지원 무	중국 및 한국 등 국제사회의 지원 유
예상승률 (국력지수비율)		약 46% (북한:미국 = 0.0131:0.1527)	약 46% (북한:미국 = 0.0109:0.1420)
예상 비용	무역 연관성	매우 낮음(1% 이하)	매우 낮음(1% 이하)
	군사위협 동반유무	페트리어트 미사일 한국 배치(군사위협 동반)	독수리 훈련(군사위협 동반)

자료 : 저자 작성

〈그림 4-2〉 북한의 의사결정 변화의 요인 분석

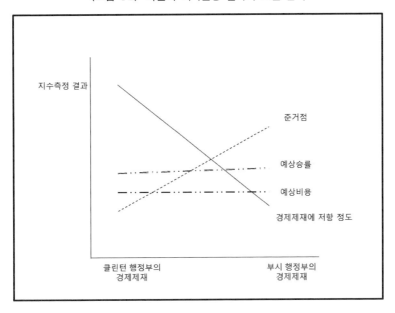

주 : 세로축의 지수측정 결과는 준거점, 예상승률, 예상비용, 의사결정 각각의 측정값을 표시
하며, 각 지수의 척도가 다름에 유의해야 함. 즉, 본 그림은 각 지수의 측정값이 클린턴
행정부에 비해 부시 행정부의 경제제재 당시 증가(상승), 감소(하락), 혹은 변화 없음
중 어느 방향으로 움직였는가를 나타낸 것임.
자료 : 저자 작성

　　첫째, 부시 행정부의 경제제재 당시 북한의 준거점은 클린턴 행정부
의 경제제재 당시 보다 상승했다. 둘째, 각 경제제재에 대하여 북한의
대치 시 예상비용과 예상승률에는 거의 변화가 없었다. 따라서 북한의
의사결정 변화에는 준거점 변화가 가장 중요한 영향을 미쳤을 것으로
분석된다. 여기서 준거점의 변화가 어떠한 과정을 통해 북한의 의사결
정에 영향을 미쳤는가는 전망이론의 가치함수를 이용하여 분석할 수
있다.

〈그림 4-3〉 북한의 준거점 변화에 따른 합의와 대치의 기댓값 변화

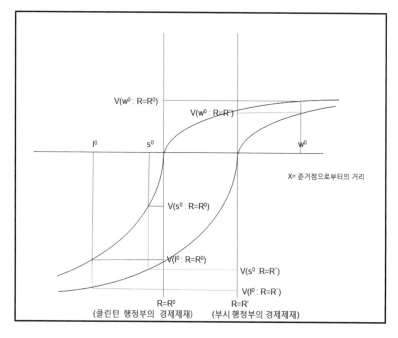

자료 : 저자 작성

클린턴 행정부의 경제제재 당시 북한의 준거점을 R^0라고 가정하면, 북한은 미국의 경제제재에 합의하는 경우, 그리고 미국과의 대치에서 승리하는 경우와 패배하는 경우의 기댓값의 가치를 각각 $V(s^0: R=R^0)$, $V(w^0: R=R^0)$, $V(l^0: R=R^0)$로 평가하게 된다. 이미 논의하였듯이 경제제재에 합의하는 경우는 음(-)의 기댓값, 대치에서 승리하는 경우는 양(+)의 기댓값을 전망하기 때문에 준거점은 합의를 하는 경우와 대치에서 승리하는 경우의 중간에 놓이게 된다.

여기서 부시 행정부의 경제제재 당시 북한의 준거점은 클린턴 행정

부의 경제제재 당시 보다 상승하였기 때문에 새로운 준거점을 기준으로 가치함수는 우측으로 이동한다. 따라서 기댓값의 가치 역시 각각 $V(s^0: R=R')$, $V(w^0: R=R')$, $V(l^0: R=R')$로 변화한다. 즉, 준거점이 높아지면서 경제제재에 합의하는 경우, 그리고 대치에서 승리하는 경우와 패배하는 경우의 기댓값이 모두 감소한다.

이처럼 세 가지 경우의 기댓값 모두가 감소하지만, 북한은 그 중에서 경제제재에 합의하는 경우의 기댓값 감소를 가장 크게 인식한다. 그 이유는 다음과 같다. 첫째, 기댓값의 손실회피성 때문이다. 경제제재에 합의하는 경우의 기댓값 감소, 즉 $V(s^0: R=R^0)-V(s^0: R=R')$는 손실영역에서의 변화이므로 이익영역에서의 변화인 대치에서 승리하는 경우의 기댓값 감소, 즉 $V(w^0: R=R^0)-V(w^0: R=R')$보다 크게 인식되는 것이다. 즉, 북한은 이익 변화보다는 손실 변화에 민감하기 때문에 미국과의 대치 시 승리에 대한 이익의 감소를 상대적으로 작게 인식하는 반면, 합의에 대한 손실 증가를 상대적으로 매우 크게 인식하는 것이다.

둘째, 기댓값의 민감도 체감성 때문이다. 미국과의 대치에서 패배하는 경우 기댓값의 감소, 즉 $V(l^0: R=R^0)-V(l^0: R=R')$는 경제제재에 합의하는 경우의 기댓값 감소, 즉 $V(s^0: R=R^0)-V(s^0: R=R')$와 비교할 때 가치함수의 기울기가 훨씬 완만한 구간에서의 변화이다. 즉, 북한은 미국과의 대치에서 패배하는 경우의 기댓값을 이미 매우 커다란 손실로 인지하고 있으므로 그 기댓값은 준거점이 상승하더라도 큰 차이를 보이지 않는다. 따라서 경제제재에 합의하는 경우의 기댓값 감소는 미국과의 대치에서 패배하는 경우 기댓값의 감소보다 크게 인식되기 마련이다.

결과적으로 북한은 준거점이 상승함에 따라 클린턴 행정부의 경제제

재에 대한 합의보다 부시 행정부의 경제제재에 대한 합의의 기댓값을
매우 큰 손실로 인지하였을 것이며, 이에 부시 행정부의 경제제재에 더
욱 강하게 저항한 것이라고 분석된다. 즉, 준거점의 변화가 북한의 최
종 결정에 매우 중요한 영향을 미쳤던 것이다.

제 5 장

결 론

결 론

경제제재는 근대 국가가 형성되기 훨씬 이전부터 무력제재와 더불어 중요한 외교적 수단으로 이용되어 왔으며, 20세기 이후 과학기술의 발달로 국가 간의 이동이 용이해지고 국가 간의 경제관계가 밀접해지면서 그 사용빈도가 증가하였다. 그러나 모든 경제제재가 효과적이었던 것은 아니었다. 동일한 요구사항을 동반한 경제제재에 대해서도 대상국들은 각기 다르게 대응하였던 것이다. 뿐만 아니라 한 국가가 동일한 경제제재에 대해 시기별로 다른 반응을 보인 경우도 있었다. 이 책은 경제제재 대상국들의 의사결정이 상이하게 나타나는 이유에 주목하였다.

이 책은 경제제재 대상국들의 선택에 대한 깊이 있는 이해를 돕는데 연구의 목적이 있다. 이를 위해 먼저 전망이론에 기초하여 경제제재 대상국의 의사결정 요인 분석을 위한 모델을 구축하였다. 카너먼(Daniel Kahneman)과 트버스키(Amos Tversky)에 의해 제시된 전망이론은 불확실성

하에서의 의사결정을 전망하는 이론으로, 그 핵심(axioms)은 다음과 같다. 첫째, 인간의 선택은 이익 혹은 손실의 절대적 크기가 아니라 준거점으로부터의 이익 혹은 손실의 크기에 의해 결정된다. 둘째, 인간은 해당 이익 혹은 손실 중 손실에 더욱 민감하게 반응하며, 이익 혹은 손실의 크기 증가에 따라 민감도는 체감한다. 셋째, 인간은 높은 확률의 불확실성은 과소평가하지만, 낮은 확률의 불확실성은 과대평가한다.

사실 불확실성 하에서의 선택이 가치와 확률에 의해 결정된다는 것은 새로운 논의가 아니다. 그러나 전망이론이 기존의 이론과 다른 점은 가치가 단순히 순이익 혹은 순손실의 크기가 아니라 준거점으로부터의 변화의 크기이며, 확률 역시 절대적인 것이 아니라 그 수준에 따라 과대 혹은 과소평가된다는 점을 실험을 통해 보여주고 있다는 것이다. 결국 전망이론에 의하면 의사선택에 중요한 영향을 미치고 있는 것은 '준거점'과 '확률의 수준'에 의해 '재평가된 가치'와 '재평가된 확률'인 것이다.

전망이론은 경제적 행위에 대한 개인의 의사선택을 실험을 통해 분석한 이론이다. 따라서 개인의 경제적 행위가 아닌 국가의 외교적 행위에 대한 의사선택의 분석을 위해 전망이론을 도입하는 데에는 한계가 있을 수 있다. 그럼에도 불구하고 "의사선택이 맥락(context)과 상황(situation)을 고려하여 분석되어야 한다"는 전망이론의 함의는 국가의 의사결정 분석에 중요한 실마리를 제공해왔다. 국제정치경제학에서는 전망이론에서 제시된 이익보다 손실에 예민하게 반응한다는 '손실회피' 개념 및 확률을 과대 혹은 과소평가하여 인지한다는 '확률가중평가' 개념을 통해 국가의 대외정책 결정을 분석해왔다. 전망이론은 특히 예외적(exceptional 혹은 anomalies)인 사례로 간주되었던 위험추구적인 의사결정과정을 분석하는 데에 유효한 함의를 제공하였다. 예를 들어 미국의 카터 대통령이 이란에 억류된 자국민을 구출하기 위해 군사력을 투입한 것은 그의 평화주의적인 성향 및 당시 이란의 외교적 행위의 위험성 등을 근거한다면 이해할 수 없는 선택이었다. 그러나 전망이론에 따르면, "당시 미국의 경제적 상황은 매우 악화되어 있었을 뿐만 아니라 정권 지지도 역시 매우 낮은 수준이었기 때문에 카터 대통령은 100%로 예상되는 국내 지지도 추락을 보고만 있을 수 없었고, 결국 무력을 사용한 구출작전이라는 위험추구적인 선택을 하게 되었다"는 분석이 가능해진다.

따라서 이 책은 전망이론이 경제제재 대상국의 의사결정 분석에도 유용한 함의를 제공할 수 있을 것이라는 점에 착안하였다. 경제제재는 국제정치에서 흔히 관찰되는 외교적 행위이며, 경제제재 대상국의 의사결정은 발의국의 경제적 위협에 강력히 저항하는 위험추구적인 선택으로 관찰되는 경우가 매우 빈번하기 때문이다.

경제제재 대상국의 제재에 대한 의사결정은 위험회피적인 혹은 위험추구적인 행태로 구분된다. 전망이론의 함의에 따르면 위험회피적인 행위국의 경우, 대치 시 승리에 대해 준거점을 기준으로 음(-)의 기댓값을 예상하기 때문에 해당 손실을 감수하면서까지 경제제재에 저항할 유인이 줄어들게 되므로 경제제재를 수용한다. 반면 위험추구적인 행위자의 경우, 경제제재 대상국이 대치 시 승리에 대해 준거점을 기준으로 양(+)의 기댓값을 예상하기 때문에 경제제재의 수용에 대한 확실한 손실을 피하고 대치 시 승리에 대한 이익을 추구하기 위해 경제제재에 저항한다.

이론적으로는 위험추구적인 의사결정자의 경우에는 경제제재에 대한 저항을 선호하며, 위험회피적인 의사결정자의 경우에는 제재에 대한 수용을 선호하게 된다고 할 수 있다. 그러나 실제 경제제재에 대한 대상국의 대응은 저항 혹은 수용의 이분법적인 형태로 나타나지 않는다. 예를 들어 대치의 승리에 대해 이익을 예상하는 위험추구적인 행위자의 의사결정 중에서도 제재에 저항하는 정도가 매우 큰 경우가 있을 것이며, 제재에 저항하는 정도가 매우 작은 경우도 있을 것이다. 위험추구적 혹은 위험회피적인 행위자는 구체적인 준거점의 수준에 따라 경제제재에 대한 비용과 편익의 크기를 다르게 계산하기 때문이다. 따라서 이 책에서는 대상국의 대응을 수용 혹은 저항으로 단순화하지 않고 전망이론의 추단이 가지는 규칙성을 연속선상의 함수로 변형하여 경제제재 대상국의 의사결정을 살펴보고, 그 과정에서 의사결정에 영향을 미치는 요인들을 찾아 모델화하였다.

이 책의 모델에서는 경제제재 대상국을 위험추구적인 행위자로 가정하였으며 이를 바탕으로 경제제재 대상국의 의사결정 요인들에 대한 다음의 세 가지 실험 가설들을 도출하였다. 첫째, 경제제재 대상국은 준거점이 상승하면 경제제재에 대하여 더욱 강하게 저항할 것이다. 둘째, 경제제재 대상국은 과대 혹은 과소평가된 대치 시 예상승률이 증가하면 경제제재에 대하여 더욱 강하게 저항할 것이다. 셋째, 경제제재 대상국은 대치 시 예상비용이 감소하면 경제제재에 대하여 더욱 강하게 저항할 것이다.

위의 가설들을 통계적으로 검증하기 위해 이 책은 20세기에 발의된

146개의 경제제재 사례들을 대상으로 경제제재 대상국의 의사결정 결과(경제제재의 효과)와 그것에 영향을 미치는 요인들 간의 회귀분석을 실시하였다. 분석 결과는 다음과 같다. 첫째, 준거점과 경제제재 효과 간에는 음의 상관관계가 있다. 즉, 경제제재 대상국은 준거점이 상승하면 경제제재에 대하여 더욱 강하게 저항한다. 둘째, 대상국의 대치 시 예상승률과 경제제재 효과 간에는 유의미한 상관성이 존재하지 않는다. 셋째, 대치 시 예상비용과 경제제재 효과 간에는 양의 상관관계가 있다. 즉, 경제제재 대상국은 대치 시 예상비용이 감소하면 경제제재에 대하여 더욱 강하게 저항한다.

또한 이 책은 실증적으로 검증된 모델을 이용하여 1차와 2차 북핵 위기 당시 미국의 경제제재에 대한 북한의 의사결정 요인을 분석하였다. 모델에 따르면, 북한이 클린턴 행정부의 경제제재 보다 부시 행정부의 경제제재에 대하여 더욱 강력히 저항한 것은 준거점이 상승했기 때문이었음을 알 수 있었다. 북한은 1990년대와 비교하여 2000년대에 준거점이 상승했기 때문에 클린턴 행정부의 요구사항보다 부시 행정부의 요구사항 수용에 대한 손실을 매우 크게 인지하였으며, 이에 따라 미국의 경제제재에 더욱 강하게 저항한 것이다.

경제제재에 대한 대상국의 의사결정 요인을 분석한 이 책은 다음과 같은 시사점을 가진다. 첫째, 대상국의 준거점이 높은 경우라면, 경제제재가 효과적이기는 어렵다. 따라서 제재 발의국은 경제제재의 내용과 방식뿐만 아니라 대상국의 준거점에 대해서도 면밀히 검토해야할 것이다. 둘째, 따라서 경제제재 대상국의 준거점을 변화시키는 것은 대북 경제제재의 효과를 증가시키기 위한 유용한 방법이 될 수 있다. 예를 들어 북한의 경우, 국제사회의 대북 지원을 차단한다면 북한의 준거점은 낮아질 것인데, 이러한 조건하에서 제재를 발의한다면 대북 경제제재는 더욱 효과적일 수 있을 것이다. 마지막으로 이 책에서 구축한 모델은 경제지원에 대한 대상국의 의사결정을 분석하는 데에도 활용할 수 있다. 비록 이 책은 경제제재의 경우를 대상으로 하고 있으나, 경제제재는 음(-)의 경제지원이라는 점에서 모델 적용에 있어서 질적 차이를 가지지 않는다. 결국 대상국의 준거점이 상승할수록 경제지원은 더욱 효과적일 것이다.

당연히 이 책의 한계도 존재한다. 첫째, 제3장의 통계분석은 경제제재 대상국의 준거점을 지수화하는 과정에서 대상국의 국내외 상황을 지나치게 단순화시켰다는 단점이 있다. 국가의 대내외 환경을 3-4 가지 요인으로 측정하는 것에는 한계가 따를 수밖에 없다. 예를 들어 과거 10년간의 정권교체 빈도로만을 가지고 해당 국가의 정치적 상황을 파악하기는 매우 어렵다. 따라서 북한사례 분석에서는 북한의 정치·경제적 상황에 대한 이해를 제고하기 위해 모델에서 다루고 있지 않은 요인들을 추가로 분석하였다. 이러한 문제점은 사회현상에 대한 모델화에서 오는 태생적인 한계일 수 있다. 그러나 모델의 단순화가 사례에 대한 설명력을 감소시킨다면 해당 지수에 대한 보완 혹은 새로운 지수의 개발이 필요할 것이다. 현재로서는 대체할 수 있는 일관된 지수가 없기 때문에 Hufbauer et al.(2007)의 지수를 채택할 수밖에 없었지만, 향후 다양한 사례들에 대한 분석을 통해 지수의 정교화가 이루어져야 할 것이다. 둘째, 본 모델은 대상국의 의사결정 과정만을 분석의 대상으로 하고 있을 뿐, 퍼스트 무버(first mover)인 발의국의 의사결정 과정은 다루지 않고 있다는 점이다. 즉, 전체 게임이 아니라 하부게임(subgame)만을 다루고 있다는 것이다. 이는 본 연구의 기본적인 목적이 경제제재 대상국의 의사결정을 분석하는 데에 있기 때문에 경제제재 발의국의 결정은 주어진 것으로 가정한 데에 기인한다. 따라서 향후 전망이론을 활용하여 발의국의 의사결정 과정까지를 포함하는 분석으로 확장될 필요가 있다.

A. 국내문헌

1. 단행본

김대중. 『21세기와 한민족』. 파주 : 돌베개. 2004.

남궁영 · 최수영. 『북한의 식량지원 요청배경과 대북한 식량지원 방안』. 서울 : 민족통일연구원. 1995.

노엄 촘스키 외. 『미국의 아라크 전쟁 : 전쟁과 경제제재의 참상』. 북막스 2002.

다니엘 카너먼, 폴 슬로빅, 아모스 트버스키. 이영애 역. 『불확실한 상황에서의 판단』. 서울 : 아카넷. 2010.

다니엘 카너먼. 이진원 역. 『생각에 관한 생각』. 파주 : 김영사. 2012.

대외경제정책연구원. 『2002 북한경제백서』. 서울 : 대외경제정책연구원. 2002.

도모노 노리오. 이명희 역. 『행동 경제학』. 서울 : 지형. 2007.

돈 오버도퍼. 『두 개의 코리아』. 서울 : 중앙일보 1998.

류길재. "김일성 김정일 문헌 어떻게 읽을 것인가". 경남대학교 북한대학원. 『북한연구방법론』. 서울 : 한울. 2009.

마이클 마자르. 김태규 역. 『북한 핵 뛰어 넘기』. 서울 : 홍림문화사. 1996.

McCain, Roger. 이규억 역. 『게임이론』. 서울 : 시그마프레스 2008.

민족통일연구원. 『남북한 국력추세 비교연구』. 서울 : 민족통일연구원. 1993.

박지연. "국제사회 대북 금융제재의 현황과 시사점." 한국수출입은행 북한동북아연구센터 편. 『북한의 금융』. 서울 : 오름. 2016.

서대숙. 『현대 북한의 지도자』. 서울 : 을유문화사. 2000.

이용준. 『게임의 종말』. 파주 : 한울. 2010.

이우탁. 『오바마와 김정일의 생존게임』. 서울 : 창해. 2009.

이재호 · 김상기. 『UN 대북경제제재의 효과분석 : 결의안 1874호를 중심으로』. 정책연구시리즈 2011-12. 서울 : 한국개발연구원. 2011.

이종석. 『북한-중국 관계』. 서울: 중심. 2000.

임갑수·문덕호 『유엔 안보리 제재의 국제정치학』. 서울: 한울. 2013.

A. F. 차머스 신일철·신중섭 역. 『현대의 과학철학』. 서울: 서광사. 1985.

윌리암 오버홀트 "동아시아에서의 핵확산". 박재규 편. 『핵확산과 개발도상국』. 마산: 경남
　대학교 출판부. 1979.

Wit, Joel, Daniel Poneman and Robert Gallucci. 김태현 역. 『북핵 위기의 전말』. 서울: 모음
　북스 2004.

정형곤·방호경. 『국제사회의 대북경제제재 효과 분석』. 동북아연구시리즈 09-04. 서울: 대
　외경제정책연구원. 2009.

찰스 프리처드, 김연철·서보혁 역. 『실패한 외교』. 파주: 사계절. 2008.

KOTRA. 『2006 북한의 대외무역 동향』. KOTRA. 2007.

통일부. 『통일백서』. 통일부. 2007.

통일원. 『'95 북한개요』. 서울: 통일원. 1995.

하영선. 『한반도의 핵무기와 세계질서』. 서울: 나남. 1991.

허드슨. 신욱희 외 역. 『외교정책론』. 서울: 을유문화사. 2007.

2. 논문

김윤지. "캄보디아의 베트남화-제3차 인도차이나전쟁에 관한 정치사적 연구". 『베트남연구』.
　No. 3. 2002.

김태운. "북·미 경제관계의 현황과 그 특징에 관한 고찰". 『정치·정보 연구』. Vol. 6. No.
　1. 2003.

박성관. "캄보디아의 정치적 파벌과 민주화 과정". 『동남아시아연구』. Vol. 13. No. 2. 2003.

박지연. "유엔의 스마트제재 연구". 『국가전략』. Vol. 21. No. 1. 2015.

서 훈. "북한의 선군외교연구". 동국대학교 박사학위논문. 2008.

심의섭·이광훈. "미국의 북한에 대한 경제제재". 『동북아경제연구』. Vol. 15. No. 1. 2003.

양운철. "북미경제관계의 변화과정". 『수은북한경제』. 2007년 봄호 2007.

이단. "북중관계의 변화와 지속성에 관한 연구". 전남대학교 박사학위논문. 2003.

장성욱. "남아프리카 공화국의 핵무기 개발 및 해체 사례 연구". 『고려대학교 동아시아연구』.
　No. 11. 2005.

전병곤. "중국의 북핵 문제 인식과 중북관계의 변화". 『중국학연구』. No. 35. 2006.

조동호·김상기. "미국의 대북제재 완화의 경제적 효과". 『KDI정책포럼』. No. 149. 1999.

조명철. "중국의 대북한 경제협력정책 변화와 전망". 『오늘의 세계경제』. Vol. 10. No. 38.

2010.

조영희. "크메르루즈 재판을 중심으로 본 캄보디아 과거청산의 정치동학". 『영남국제정치연
구』. Vol. 14. No. 1. 2011.

3. 전자자료

연합뉴스
http://www.yonhapnews.co.kr/
통일부
http://www.unikorea.go.kr/
한국은행 경제통계시스템
http://ecos.bok.or.kr/
한국농촌경제연구원 북한농업통계
http://www.krei.re.kr/kor/statistics/

B. 해외문헌

1. 단행본

Baldwin, David. *Economic Statecraft*. Princeton University Press. 1986.

Bissell, Richard. *South Africa and the United States : The Erosion of an Influence Relationship*. Praeger. 1982.

Bondi, Loretta. "Arms Embargoes : Is Name Only?" in David Cortright and George Lopez, eds. Smart Sanctions. Mayland : Rowman & Littlefield. 2002.

Butcher, Ariba. *The Economic Impact of U.S. Sanctions with Respect to Cuba*. Washington, DC : United States International Trade Commission. 2001.

Bueno De Mesquita, Bruce. *Principles of International Politics 4th edition*. A Division of SAGE Washington, DC : CQ Press. 2009.

Bueno de Mesquita, Bruce and David Lalman. *War and Reason*. New Haven and London : Yale University Press. 1994.

Byrnes, Rita. ed. *South Africa : A Country Study*. Washington, DC : Library of Congress. 1996.

Corney, Richard. "The UN Experience with Travel Sanctions." in David Cortright and George Lopez, eds. Smart Sanctions. Mayland : Rowman & Littlefield. 2002.

CRS(Congressional Research Service). *The Status of Human Rights in Selected Countries and the US Response*. Washington, DC : Library of Congress. 1977.

Doxey, p.Margaret. *International Sanctions in Contemporary Perspective*. New York : St. Martin's Press. 1987.

Drezner, Daniel. *The Sanctions Paradox*. Cambridge : Cambridge University Press. 1999.

Elliott, Kimberly. "Analyzing the effects of targeted sanctions," in David Cortright and George Lopez, eds. *Smart Sanctions*. Mayland : Rowman & Littlefield. 2002.

Eriksson, Mikael. "The unintended consequences of United Nations targeted sanctions." in Biersteker et al. eds. *Targeted Sanctions*. Cambridge: Cambridge University Press. 2016.

Farnham, Barbara. "Roosevelt and the Munich Crisis : Insights from Prospect Theory." in Barbara Farnham ed. *Avoiding Losses/Taking Risks Prospect Theory and International Conflict*. Ann Arbor : University of Michigan Press. 1994.

Gilpin, Robert. "Economic Independence and National Security in Historical Perspectives." in Knorr Klaus and Frank Trager eds. *Economic Issues and National Security*. KANSAS : University Press of KANSAS. 1977.

Guichard, Louis. *The Naval Blockade : 1914-1918*. New York : D. Appleton & Company 1930.

Haggard, Stephan and Marcus Noland. "Engaging North Korea : the Efficacy of Sanctions and Inducements." in Etel Solingen ed. *Sanctions, Statecraft, and Nuclear Proliferation*. Cambridge : Cambridge University Press. 2012.

Hufbauer et al. *Economic Sanctions Reconsidered*. Washington, DC : Peterson Institute of International Economics. 1985.

Hufbauer et al. *Economic Sanctions Reconsidered 2nd edition*. Washington, DC : Peterson Institute of International Economics. 1990.

Hufbauer et al. *Economic Sanctions Reconsidered 3rd edition*. Washington, DC : Peterson Institute of International Economics. 2007.

Jervis, Robert. "Political Implications of Loss Aversion." in Barbara Farnham ed. *Avoiding Losses/Taking Risks Prospect Theory and International Conflict*. Ann Arbor : University of Michigan Press. 1994.

Kahneman, Daniel. *Thinking Fast and Slow*. Allen Lane. 2011.

Knorr, Klaus. "International Economic Leverage and its Uses." in Knorr Klaus and Frank Trager eds. *Economic Issues and National Security*. KANSAS : University Press of KANSAS. 1977.

Krustev, Valentin. *Bargaining and Economic Coercion : The Use and Effectiveness of Sanctions*. VDM Verlag. 2008.

Levy, S. Jack. "Prospect Theory and International Relations : Theoretical Applications and Analytical Problems." in Barbara Farnham ed. *Avoiding Losses/Taking Risks Prospect Theory and International Conflict*. Ann Arbor : University of Michigan Press. 1994.

Mackie, J.A.C. *The Indonesia-Malaysia Dispute 1963-1966*. London : Oxford University Press. 1974.

Martin, Lisa. *Coercive Cooperation : Explaining Multilateral Economic Sanctions*. Princeton : Princeton University Press. 1992.

McDermott, Rose. "Prospect Theory in International Relations : The Iranian Hostage Rescue Mission." in Barbara Farnham ed. *Avoiding Losses/Taking Risks Prospect Theory and International Conflict*. Ann Arbor : University of Michigan Press. 1994.

McDermott, Rose. *Risk-Taking in International Politics Prospective Theory in American Foreign Policy*. Ann Arbor : University of Michigan Press. 1998.

Mesquita, Bruce Berno et al. *The Logic of Political Survival*. Cambridge, MA : The MIT Press. 2003.

Nader, Alireza. "Influence Iran's decisions on the nuclear program." in Etel Solingen ed. *Sanctions, Statecraft, and Nuclear Proliferation*. Cambridge : Cambridge University Press. 2012.

National Iranian American Council. *Losing Billions*. National Iranian American Council. 2014.

Nincic, Miroslav and Peter Wallensteen. *Dilemmas of Economic Coercion : Sanctions in World Politics*. Praeger. 1983.

Nutting, Anthony. *No End of a Lesson : The Story of Suez*. Constable. 1967.

Reiter, Dan and Allan C. Stam. *Democracies at War*. Princeton : Princeton University Press. 2008.

Reid et al. "Targeted Financial Sanctions." in David Cortright and George Lopez, eds. *Smart Sanctions*. Mayland : Rowman & Littlefield. 2002.

Rennack, Dianne. *North Korea : Economic Sanctions*. Washington, DC: Library of Congress. 2006.

Rose, Gideon. *Haiti in Economic Sanctions and American Diplomacy*. New York : New York Council on Foreign Relations. 1998.

Russet, Bruce. *Grasping the Democratic Peace*. Princeton : Princeton University Press. 1993.

Steil, Benn and Robert Litan. *Financial Statecraft*. Yale University Press. 2006.

Sigal, Leon. *Disarmed Strangers : Nuclear Diplomacy with North Korea*. Princeton : Princeton University Press. 1997.

Shawcross, William. *Sideshow Kissinger, Nixon and the Destruction of Cambodia*. Simon & Schuster. 1979.

2. 논문

Allen, Susan. "The Determinants of Economic Sanctions Success and Failure." *International Interactions*. Vol. 31. No. 2. 2005.

Al-soyel, Dina. "Target Types and the Efficacy of Economic Sanctions." Rice University Ph.D Dissertation. 1999.

Amuzegar, Jahangir. "Iran's Economy and the US Sanctions." *Middle East Journal*. Vol. 50. No. 2. 1997.

Barber, James. "Economic Sanctions as a Policy Instrument." *International Affairs*. Vol. 55. No. 3. 1979.

Boettcher, William A. III. "Context, Method, Numbers and Words : Evaluating the Applicability of Prospect Theory to International Relations." *Journal of Conflicts Resolution*. Vol. 39. No. 3. 1995.

Buck, Lori, Nicole Gallant and Kim Richard Nossal. "Sanctions as a Gendered Instrument of Statecraft : The Case of Iraq." *Review of International Studies*. Vol. 24. No. 1. 1998.

Butler, K. Christopher. "Prospect Theory and Coercive Bargaining." *Journal of Conflict Resolution*. Vol. 51. No. 2. 2007.

De Villiers, W, Reger Jardine, and Mitchell Reiss. "Why South Africa Gave Up the Bomb." *Foreign Affairs*. Vol. 72. No. 5. 1993.

Drury, Cooper. "Revisiting Economic Sanctions Reconsidered." *Journal of Peace Research*. Vol. 35. No. 4. 1998.

Drury, Cooper. "U.S. Presidents and the Use of Economic Sanctions." *Presidential Studies Quarterly*. Vol. 30. No. 4. 2000.

Galtung, Johan. "On the Effects of International Economic Sanctions : With Examples from the Cases of Rothesia." *World Politics*. Vol 19. No. 3. 1967.

Garett, Banning and Bibbue Glaert. "Looking Across the Yalu : Chinese Assessment of the

North Korea." *Asian Survey*. Vol. 35. No. 6. 1995.

Gordon, Joy. "Smart Sanctions Revisited." *Ethnics & International Affairs*. Vol. 25. No. 3. 2011.

Hwang, Jihwan. "Weaker States, Risk-Taking, and Foreign Policy : Rethinking North Korea's Nuclear Policy, 1989-2005." University of Colorado Ph.D Dissertation. 2005.

Jonas, Susanne. "Dangerous liaisons : The US in Guatemala." *Foreign Policy*. No. 103. 1996.

Kim, Seung Young. "Security, Nationalism and the Pursuit of Nuclear Weapons and Missiles." *Diplomacy & Statecraft*. Vol. 12. No. 4. 2001.

Kahneman, Daniel and Amos Tversky. "Prospect Theory : An Analysis of Decision under Risk." *Econometrica*. Vol. 27. No. 2. 1979.

Kahneman, Daniel and Amos Tversky. "The Framing of Decisions and the Psychology of Choice." *Science*. Vol. 211. 1981.

Lake, David. "Powerful Pacifists : Democratic States and War." *American Political Science Review*. Vol. 86. No. 1. 1992.

Lawson, Fred. "Using Positive Sanctions to End International Conflicts : Iran and the Arab Gulf Countries." *Journal of Peace Research*. Vol. 20. No. 4. 1983.

Maloney, Suzanne. "Sanctioning Iran : If Only It Were So Simple." *The Washington Quarterly*. Vol. 33. No. 1. 2010.

Mansfield, Edward. "International Institutions and Economic Sanctions." *World Politics*. Vol. 47. No. 4. 1995.

Maoz, Zeev and Bruce Russett. "Alliances, Contiguity, Wealth, and Political Stability : Is the Lack of Conflict Among Democracies a Political Artifact?" *International Interactions*. Vol. 17. No. 4. 1992.

Maoz, Zeev and Bruce Russett. "Normative and Structural Causes of Democratic Peace, 1946-1986." *American Political Science Review*. Vol. 87. No. 3. 1993.

McDermott, Rose. "Prospect Theory in Political Science : Gain an Losses from the First Decade." *Political Psychology*. Vol. 25. No. 3. 2004.

McGillivray, Fiona, Allan C. Stam. "Political Institutions, Coercive Diplomacy, and the Duration of Economic Sanctions." *Journal of Conflict Resolution*. Vol. 48. No. 2. 2004.

Morgan, T. Clifton and Valerie L Schwebach. "International Interactions : Empirical and Theoretical Research." *International Relations*. Vol. 21. No. 3. 1995.

Mueller and Mueller. "Sanctions of Mass Destruction," *Foreign Affairs*. Vol. 78. No. 3. 1999.

Pape, A. Robert. "Why Economic Sanction Do Not Work." *International Security*. Vol. 22. No. 2. 1997.

Park, Sanghyun. "Cognitive Theory of War : Why Do Weak States Choose War against Stronger States?" The University of Tennessee Ph.D Dissertation. 2004.

Portela, Clara. "National implementation of United Nations sanctions." *International Journal*. Vol 65. No. 1. 2009.

Reiter, Dan and Allan C. Stam. "Democracy, War Initiation, and Victory." *The American Political Science Review*. Vol. 92. No. 2. 1998.

Wallensteen, Peter. "Characteristics of Economic Sanctions." *Journal of Peace Research*. Vol. 5. No. 3. 1968.

Wintrobe, Ronald "The Tinpot and the Throat of the Nation." *International Studies Quarterly*. Vol. 52. 1990.

3. 전자자료

Charter of the United Nations Article 39.

http://www.un.org/en/sections/un-charter/introductory-note/index.html

Charter of the United Nation Article 25.

http://www.un.org/en/sections/un-charter/introductory-note/index.html

Council of Foreign Relations

U.S. Foreign Assistance Act of 1961

http://www.cfr.org/foreign-aid/us-foreign-assistance-act-1961/p27046

Digital National Security Archive DNSA

http://nsarchive.chadwyck.com/home.do

Document No.00187. 1975.

Document No.00189. 1975.

Document No.00226. 1979.

EUGene http://www.eugenesoftware.org/

FAO Homepage

http://www.fao.org

Heritage Foundation

http://www.heritage.org/research/reports/1997/06/a-users-guide-to-economic-sanctions

O'Quinn, Robert. "A User's Guide to Economic Sanctions." 1997.

New York Times

http://www.nytimes.com/

The White House President George W. Bush.

http://georgewbush-whitehouse.archives.gov

Immediate Release Office of the Press Secretary (2001. 6. 13).

UN security Council Subsidiary Organs

https://www.un.org/sc/suborg/en/sanctions/information

UNSCR 1070

http://www.securitycouncilreport.org/atf/cf/%7B65BFCF9B-6D27-4E9C-8CD3-CF6E4FF96
FF9%7D/Chap%20VII%20SRES%201070.pdf

UNSCR 1373

http://www.un.org/en/sc/ctc/specialmeetings/2012/docs/United%20Nations%20Security%20
Council%20Resolution%201373%20(2001).pdf

UNSCR 1991

http://www.securitycouncilreport.org/atf/cf/%7B65BFCF9B-6D27-4E9C-8CD3-CF6E4FF96
FF9%7D/DRC%20S%20RES%201991.pdf

UNSCR 1132

http://www.sipri.org/databases/embargoes/un_arms_embargoes/sierra_leone/1132

UNSCR 1737

https://www.iaea.org/sites/default/files/unsc_res1737-2006.pdf

UNSCR 1747

https://www.iaea.org/sites/default/files/unsc_res1747-2007.pdf

UNSCR 1803

https://www.iaea.org/sites/default/files/unsc_res1803-2008.pdf

UNSCR 1835

https://www.iaea.org/sites/default/files/unsc_res1835-2008.pdf

UNSCR 1929

https://www.iaea.org/sites/default/files/unsc_res1929-2010.pdf

UNSCR 1984

http://www.un.org/en/ga/search/view_doc.asp?symbol=S/RES/1984(2011)

UNSCR 2049

http://www.un.org/en/ga/search/view_doc.asp?symbol=S/RES/2049(2012)

UN National Account Main Aggregates Database

http://unstats.un.org

U.S. Department of State Archive

http://2001-2009.state.gov/r/pa/

U.S Department of State Press Statement (2002. 10. 16).

U.S. Department of Commerce

    Bureau of Industry and Security

    https://www.bis.doc.gov/index.php/regulations/export-administration-regulations-ear

U.S. Department of Energy

    Office of Nuclear Energy

    http://energy.gov/ne/office-nuclear-energy

U.S. Department of State

    Iran, North Korea, and Syria Nonproliferation Act Sanctions.

    http://www.state.gov/t/isn/inksna/

U.S. Department of State

    Diplomacy in Action. Iran, North Korea, and Syria Nonproliferation Act Sanctions

    http://www.state.gov/t/isn/inksna/

U.S. Department of State

    Directorate of Defense Trade Controls

    https://www.pmddtc.state.gov/ECR/index.html

U.S. Department of State Diplomacy in Action

    Office of Missile, Biological, and Chemical Nonproliferation

    http://www.state.gov/t/isn/151025.htm

U.S. Department of State Diplomacy in Action

    Iran Sanctions

    http://www.state.gov/e/eb/tfs/spi/iran/index.htm

U.S. Department of the Treasury Financial Crime Enforcement Network

    https://www.fincen.gov/statutes_regs/patriot/pdf/notice_banco.pdf

U.S. Department of the Treasury

    https://www.treasury.gov/resource-center/sanctions/Documents/fr71_17345.pdf

U.S. Department of the Treasury

    Overview of Section 311 of the USA PATRIOT Act

    https://www.treasury.gov/press-center/press-releases/Pages/tg1056.aspx

U.S. Department of the Treasury

    TRADING WITH THE ENEMY ACT OF 1917

    https://www.treasury.gov/resource-center/sanctions/Documents/twea.pdf

Washington Post

    http://www.washingtonpost.com/

Yale Global Online
  http://yaleglobal.yale.edu/content/united-states-north-korea-we-now-have-pre-condition
  Kelly, James. "United States to North Korea: We Now Have a Pre-Condition." Dec. 12.
  2002.

C. 북한문헌

강성길. 『선군시대의 조국을 가다』. 평양 : 평양출판사. 2002.
김복덕. "진보적나라들에 대한 제국주의적경제제재책동의 악랄성". 『경제연구』. 2002년 1호.
  2002.
김일성. "일군들은 참다운 인민의 충복이 되자(1992. 12. 28)". 『김일성 저작집 44』. 평양 :
  조선로동당 출판사. 1996.
『로동신문』. "최고인민회의 제9기 제1차회의에서 행한 시정연설". 1990. 5. 25.
『로동신문』. "핵위협은 남에서 오고있다". 1993. 2. 23.
『로동신문』. "그 어떤 제재도 통할 수 없다". 1993. 3. 30.
『로동신문』. "절대로 용납하지 않을 것이다". 1993. 5. 14.
『로동신문』. "신년사". 1994. 1. 1.
『로동신문』. "미국이 끝내 신형미싸일 배비를 단행한다면 엄중한 후과를 초래하게 될 것이
  다. 조선민주주의인민공화국 외무성대변인 성명". 1994. 3. 28.
『로동신문』. "미제와 김영삼괴뢰도당의 <<패트리오트>>미싸일 배비책동을 준렬히 규탄
  한다. 평양시군중집회 진행". 1994. 3. 30.
『로동신문』. "성실한 회담자세가 필요하다". 1994. 5. 30.
『로동신문』. "김영남 최고인민회의 상임위원장이 김정일 국방위원장을 재추대하면서 행한
  발언". 1998. 9. 7.
『로동신문』. "전통적인 조중친선은 불패이다". 1999. 6. 20.
『로동신문』. "외무성대변인 성명". 2001. 6. 18.
『로동신문』. "미제의 횡포무도한 대조선적대시압살정책은 파탄을 면할수 없다". 2002. 12.
  14.
『로동신문』. "미제의 강경에는 초강경으로 대응". 2002. 12. 22.
『로동신문』. "조선인민주주의공화국 정부 성명". 2003. 1. 10.
『로동신문』. "제2핵위기사태를 몰아 온 미국의 범죄적흉계". 2003. 3. 22.

『로동신문』. "미국방성 부장관의 <경제압력>발언을 규탄". 2003. 6. 4.

『로동신문』. "미국의 모략과 봉쇄는 통하지 않는다". 2003. 6. 25.

『로동신문』. "미국의 반공화국경제제재정책의 반동성과 악랄성". 2005. 2. 5.

『로동신문』. "무모한 전쟁광기". 2006. 9. 14.

『로동신문』. "정세를 폭발국면으로 몰아가는 불장난나가자". 2006. 10. 24.

『조선중앙통신』. "외무성대변인 성명". 2006. 6. 1.

조선중앙통신사. 『조선중앙연감』. 1994.

조선중앙통신사. 『조선중앙연감』. 1995.

부록 1 국가 코드표

국가이름	국가코드	국가이름	국가코드
United States of America	2	Benin	434
Canada	20	Mauritania	435
Bahamas	31	Niger	436
Cuba	40	Ivory Coast	437
Haiti	41	Guinea	438
Dominican Republic	42	Burkina Faso	439
Jamaica	51	Liberia	450
Trinidad and Tobago	52	Sierra Leone	451
Barbados	53	Ghana	452
Dominica	54	Togo	461
Grenada	55	Cameroon	471
St. Lucia	56	Nigeria	475
St. Vincent and the Grenadines	57	Gabon	481
Antigua & Barbuda	58	Central African Republic	482
St. Kitts and Nevis	60	Chad	483
Mexico	70	Congo	484
Belize	80	(Democratic Republic)Congo	490
Guatemala	90	Uganda	500
Honduras	91	Kenya	501
El Salvador	92	Tanzania	510
Nicaragua	93	Zanzibar	511
Costa Rica	94	Burundi	516
Panama	95	Rwanda	517
Colombia	100	Somalia	520

국가이름	국가코드	국가이름	국가코드
Venezuela	101	Djibouti	522
Guyana	110	Ethiopia	530
Suriname	115	Eritrea	531
Ecuador	130	Angola	540
Peru	135	Mozambique	541
Brazil	140	Zambia	551
Bolivia	145	Zimbabwe	552
Paraguay	150	Malawi	553
Chile	155	South Africa	560
Argentina	160	Namibia	565
Uruguay	165	Lesotho	570
United Kingdom	200	Botswana	571
Ireland	205	Swaziland	572
Netherlands	210	Madagascar	580
Belgium	211	Comoros	581
Luxembourg	212	Mauritius	590
France	220	Seychelles	591
Monaco	221	Morocco	600
Liechtenstein	223	Algeria	615
Switzerland	225	Tunisia	616
Spain	230	Libya	620
Andorra	232	Sudan	625
Portugal	235	Iran	630
Hanover	240	Turkey	640
Bavaria	245	Iraq	645
Germany	255	Egypt	651
German Federal Republic	260	Syria	652
German Democratic Republic	265	Lebanon	660
Baden	267	Jordan	663
Saxony	269	Israel	666

국가이름	국가코드	국가이름	국가코드
Wuerttemburg	271	Saudi Arabia	670
Hesse Electoral	273	Yemen Arab Republic	678
Hesse Grand Ducal	275	Yemen	679
Mecklenburg Schwerin	280	Yemen People's Republic	680
Poland	290	Kuwait	690
Austria-Hungary	300	Bahrain	692
Austria	305	Qatar	694
Hungary	310	United Arab Emirates	696
Czechoslovakia	315	Oman	698
Czech Republic	316	Afghanistan	700
Slovakia	317	Turkmenistan	701
Italy	325	Tajikistan	702
Papal States	327	Kyrgyzstan	703
Two Sicilies	329	Uzbekistan	704
San Marino	331	Kazakhstan	705
Modena	332	China	710
Parma	335	Mongolia	712
Tuscany	337	Taiwan	713
Malta	338	Korea	730
Albania	339	North Korea	731
Albania	339	South Korea	732
Montenegro	341	Japan	740
Macedonia	343	India	750
Croatia	344	Bhutan	760
Yugoslavia	345	Pakistan	770
Bosnia and Herzegovina	346	Bangladesh	771
Kosovo	347	Myanmar	775
Slovenia	349	Sri Lanka	780
Greece	350	Maldives	781

국가이름	국가코드	국가이름	국가코드
Cyprus	352	Nepal	790
Bulgaria	355	Thailand	800
Moldova	359	Cambodia	811
Romania	360	Laos	812
Russia	365	Vietnam	816
Estonia	366	Republic of Vietnam	817
Latvia	367	Malaysia	820
Lithuania	368	Singapore	830
Ukraine	369	Brunei	835
Belarus	370	Philippines	840
Armenia	371	Indonesia	850
Georgia	372	East Timor	860
Azerbaijan	373	Australia	900
Finland	375	Papua New Guinea	910
Sweden	380	New Zealand	920
Norway	385	Vanuatu	935
Denmark	390	Solomon Islands	940
Iceland	395	Kiribati	946
Samoa	990	Tuvalu	947
Cape Verde	402	Fiji	950
Sao Tome and Principe	403	Tonga	955
Guinea-Bissau	404	Nauru	970
Equatorial Guinea	411	Marshall Islands	983
Gambia	420	Palau	986
Mali	432	Federated States of Micronesia	987

부록 2 경제제재 대상국의 의사결정 분석 자료

발의국	대상국	정치경제안정	국제사회지원	준거점	예상승률	과대/과소승률	무역연관	군사위협	예상비용	경제제재효과
200	225	3	1	3	0.5195	0.4679	2	1	2	24
2	740	3	1	3	0.4661	0.4321	2	2	6	8
200	365	1	1	1	0.5487	0.4879	2	1	2	4
200	365	2	2	4	0.5985	0.5229	2	1	2	24
2	70	3	1	3	0.4738	0.4372	4	2	8	9
2	225	3	1	3	0.4883	0.4469	2	2	4	16
2	740	3	1	3	0.6255	0.5425	2	2	6	16
2	225	3	1	3	0.4883	0.4469	2	2	4	24
2	740	3	1	3	0.5128	0.4634	2	1	3	24
2	740	3	1	3	0.5069	0.4594	3	1	3	2
2	160	2	2	4	0.3991	0.3882	2	2	4	8
2	210	2	1	2	0.4176	0.4003	4	2	8	32
365	345	2	1	2	0.5036	0.4572	2	1	2	2
2	710	3	2	6	0.4708	0.4352	3	2	6	4
2	710	3	2	6	0.4708	0.4352	3	2	6	4
2	630	2	1	2	0.4301	0.4084	3	1	4	24
365	900	3	1	3	0.4893	0.4476	2	2	4	2
750	235	3	1	3	0.5543	0.4918	1	1	1	16
230	2	3	2	6	0.5952	0.5206	2	1	2	12
2	816	2	2	4	0.4148	0.3984	1	2	2	12
2	816	2	1	2	0.4148	0.3984	2	1	2	2
2	666	3	1	3	0.4374	0.4132	2	2	6	8
2	651	2	1	2	0.4391	0.4143	2	1	3	9
2	2	3	1	3	0.4583	0.427	2	2	4	24

발의국	대상국	정치경제안정	국제사회지원	준거점	예상승률	과대/과소승률	무역연관	군사위협	예상비용	경제제재효과
2	812	1	1	1	0.437	0.413	2	2	4	18
220	616	2	1	2	0.561	0.4964	4	1	4	4
365	375	2	1	2	0.4899	0.448	2	2	4	32
2	42	1	1	1	0.4569	0.4261	3	2	8	24
365	710	3	1	3	0.5373	0.4801	3	1	4	8
2	40	2	2	4	0.4574	0.4264	3	2	8	2
2	40	2	2	4	0.4574	0.4264	3	1	4	16
2	780	2	2	4	0.4641	0.4308	2	2	4	16
365	339	2	2	4	0.4872	0.4462	3	2	8	2
2	265	3	1	3	0.4675	0.4331	2	2	4	4
2	140	1	2	3	0.4726	0.4364	3	1	4	24
365	360	3	1	3	0.4892	0.4475	3	1	4	2
2	651	2	1	2	0.4695	0.4344	2	2	4	24
850	820	2	1	2	0.5718	0.504	2	1	2	4
2	850	2	1	2	0.4723	0.4362	2	1	3	16
2	850	2	1	2	0.4723	0.4362	2	2	6	16
2	817	1	1	1	0.4689	0.434	2	1	3	24
220	616	2	1	2	0.5628	0.4977	3	1	4	6
2	155	2	1	2	0.5284	0.474	3	1	3	9
2	750	2	2	4	0.4925	0.4497	2	2	6	16
2	135	2	1	2	0.4684	0.4337	2	1	2	1
2	135	2	1	2	0.4684	0.4337	2	2	4	12
2	155	1	1	1	0.4744	0.4376	2	2	4	24
2	750	2	1	2	0.5051	0.4582	2	2	6	8
2	770	2	1	2	0.4876	0.4464	2	1	2	8
200	338	3	2	6	0.5625	0.4975	3	1	3	6
2	500	1	1	1	0.4889	0.4473	2	1	3	24
2	732	2	1	2	0.4957	0.4519	3	1	3	8
2	640	2	1	2	0.4984	0.4537	2	1	2	2

발의국	대상국	정치경제안정	국제사회지원	준거점	예상승률	과대/과소승률	무역연관	군사위협	예상비용	경제제재효과
20	750	3	1	3	0.5939	0.5197	2	1	2	24
20	770	2	1	2	0.5751	0.5063	2	1	2	8
2	732	3	1	3	0.5022	0.4562	3	1	3	32
2	365	3	1	3	0.4996	0.4545	2	1	2	8
2	560	3	1	3	0.5005	0.4551	2	1	2	8
2	811	1	1	1	0.4987	0.4539	1	1	1	4
2	155	3	1	3	0.4991	0.4541	2	1	2	16
2	155	1	1	1	0.4991	0.4541	2	1	2	12
2	165	2	1	2	0.5028	0.4566	2	1	2	12
2	713	3	1	3	0.5051	0.4582	3	1	3	32
2	150	3	1	3	0.5036	0.4572	2	1	2	12
2	90	3	2	4	0.5037	0.4572	3	1	4	18
2	160	2	1	2	0.5059	0.4587	2	1	2	12
20	740	3	1	3	0.5942	0.5199	2	1	2	9
2	93	1	1	1	0.5036	0.4572	3	1	3	24
2	92	1	1	1	0.5036	0.4572	3	1	3	12
2	40	2	1	2	0.5126	0.4632	2	1	2	12
2	530	1	2	2	0.5044	0.4577	2	1	3	12
710	339	3	1	3	0.5163	0.4657	3	1	3	2
2	140	2	1	2	0.5132	0.4636	2	1	3	8
2	160	2	1	2	0.5065	0.4591	2	1	2	8
2	750	3	1	3	0.5265	0.4727	2	1	2	8
2	365	3	1	3	0.5782	0.5085	2	2	4	2
710	816	2	2	4	0.5198	0.4681	2	2	4	12
2	620	2	1	2	0.5045	0.4578	2	2	6	24
2	620	2	1	2	0.5045	0.4578	2	2	6	24
2	630	1	1	1	0.5096	0.4612	2	1	2	12
2	770	1	1	1	0.5089	0.4607	2	1	2	8
2	770	2	2	4	0.5089	0.4607	2	1	2	

발의국	대상국	정치경제안정	국제사회지원	준거점	예상승률	과대/과소승률	무역연관	군사위협	예상비용	경제제재효과
22	145	1	2	2	0.5052	0.4582	2	2	6	12
2	365	3	1	3	0.5779	0.5083	2	2	4	4
2	365	3	1	3	0.5779	0.5083	2	1	2	4
2	645	2	1	2	0.5088	0.4607	2	2	4	4
2	93	2	2	4	0.5085	0.4605	3	1	3	16
2	290	1	2	2	0.5153	0.4651	2	1	2	18
2	365	3	1	3	0.5804	0.5101	2	2	4	2
200	160	1	1	1	0.5676	0.5011	2	1	2	24
210	115	1	2	2	0.5747	0.506	3	2	6	18
560	570	2	1	2	0.5738	0.5054	4	1	4	24
900	220	3	1	3	0.5825	0.5115	1	1	1	2
900	220	3	1	3	0.5825	0.5115	1	1	1	4
2	365	3	1	3	0.5834	0.5122	2	1	2	2
2	552	2	1	2	0.5107	0.462	2	2	4	4
2	55	1	1	1	0.5102	0.4616	2	1	2	16
2	360	1	1	1	0.5143	0.4644	2	1	2	12
2	360	2	1	1	0.5143	0.4644	2	2	4	12
2	660	2	1	2	0.5086	0.4605	2	1	2	6
2	560	2	1	2	0.5117	0.4626	3	1	4	24
2	540	2	2	4	0.508	0.4613	2	1	3	12
350	640	2	1	2	0.581	0.5105	2	1	2	8
220	920	3	1	3	0.5677	0.5011	2	2	4	12
2	41	1	1	1	0.5083	0.4603	4	1	4	12
2	92	1	1	1	0.5084	0.4604	3	1	4	16
750	950	2	1	2	0.5486	0.4878	3	1	3	8
750	790	2	1	2	0.548	0.4874	3	1	3	18
2	92	1	1	1	0.5006	0.4551	3	1	3	18
2	501	2	1	2	0.5009	0.4553	3	1	4	12
2	484	1	1	1	0.5006	0.4551	4	2	8	8

발의국	대상국	정치경제안정	국제사회지원	준거점	예상승률	과대/과소승률	무역연관	군사위협	예상비용	경제제재효과
365	368	2	1	2	-99	-99	4	1	4	12
2	679	1	1	1	0.501	0.4554	2	2	4	9
2	663	2	2	4	0.501	0.4554	2	1	2	6
2	800	2	1	2	0.5066	0.4592	2	1	2	12
2	850	3	1	3	0.5096	0.4612	2	1	2	4
2	850	1	1	1	0.5096	0.4612	2	1	2	12
2	365	2	1	2	0.5571	0.4937	4	1	4	16
365	701	2	2	4	-99	-99	2	1	2	12
2	135	2	1	2	0.5056	0.4583	3	1	4	24
2	553	1	1	1	0.5064	0.4591	3	1	4	32
2	471	2	1	2	0.5066	0.4592	2	1	2	8
2	373	1	1	1	0.5066	0.4592	1	2	2	2
365	366	2	1	2	0.5267	0.4728	2	1	3	4
710	220	3	1	3	0.5286	0.4741	2	2	4	24
365	367	2	1	2	0.5268	0.4729	3	2	6	4
2	731	1	1	1	0.5065	0.4591	4	1	4	18
2	90	2	1	2	0.501	0.4554	3	1	4	32
2	475	1	1	1	0.5034	0.457	4	2	8	8
365	369	1	1	1	0.5539	0.4915	3	1	4	12
365	705	2	1	1	0.5458	0.4859	3	1	4	9
350	343	2	1	2	0.576	0.507	2	1	2	9
350	339	1	1	1	0.5762	0.5071	3	1	3	16
2	135	2	1	2	0.5027	0.4566	2	1	3	16
2	130	2	1	2	0.502	0.4561	3	1	3	16
2	436	1	1	1	0.5037	0.4572	4	1	4	18
2	551	1	1	1	0.5039	0.4574	3	1	4	8
2	100	2	1	2	0.5056	0.4585	3	1	3	12
2	150	2	1	2	0.5038	0.4573	3	1	4	24
2	750	3	1	3	0.5318	0.456	2	1	2	4

발의국	대상국	정치경제안정	국제사회지원	준거점	예상승률	과대/과소승률	무역연관	군사위협	예상비용	경제제재효과
2	345	2	1	2	0.5051	0.4582	4	2	8	24
2	345	2	1	2	-99	-99	4	1	4	12
640	325	3	1	3	0.5777	0.5082	2	1	2	9
2	437	1	1	1	0.5034	0.457	3	1	4	12
2	770	1	1	1	0.5086	0.4605	2	1	3	4
2	130	1	1	1	0.503	0.4568	3	1	3	24